数が苦手な子のための
計算支援ワーク 3

計算力を高める
発展トレーニング編

大江浩光 著

明治図書

巻　頭　言

―どの子も伸びる　主体的・対話的で深い学びの実現―

「菊地道場」道場長　菊池　省三

　本シリーズは，多様な子どもの学びを引き出す算数科指導のヒントが，具体的に示されている画期的なシリーズである。大江氏は，既存の特別支援教育における指導法を20年以上の実践から丁寧に見直し，子どもたちが将来，自分の居場所をつくっていける教育のあり方を自分たち教師に示している。

　平成28年の秋，大江氏から本シリーズに対して「解説を書いてもらえないだろうか」と連絡があった。数日後，大江氏から，シリーズの分厚い本が届いた。すぐに開封して読むとともに，大江氏から直接話を聞いた。私は，「この本は，特別支援教育の現場で結果が出せる素晴らしい本である」と痛感し，本書の解説執筆を快諾した。

　本シリーズに関する率直な感想は，下記の7点である。

---

①結果が出る本である。また実際，結果を出している。
②多様な指導法やプリント集，アプリの活用法を紹介している。
③詳細な指導カリキュラムをつくっているので，系統的に取り組める。
④特別支援教育の算数科において，何をどのように教えるべきかを明確に掲載している。
⑤教科書に沿っている。
⑥主体的・対話的で深い学びの視点に立った指導がされている。
⑦家庭と連携して取り組める。

　学校現場はもちろん，保護者の方々にも，ぜひ活用していただきたいシリーズである。

まえがき

　特別支援教育に携わる際には，学習指導計画や指導マニュアルが必要になります。しかし，実際の学校現場ではどうでしょうか。詳細な学習指導計画や指導マニュアルをつくっている学校は少なく，困っている先生方が多いようです。25年前，初めて特別支援学級を担任させていただいた私も同じでした。何をどのようにしてよいか分からず，低学年のプリントを参考にしてつくり直し，それをもとに授業をするのが関の山でした。昨今，特別支援学級は，各都道府県で急増しています。私の勤務する鹿児島市でも，特別支援学級は平成24年から平成28年にかけて，約1.5倍になりました。その状況下で，初めて特別支援教育の指導に携わる教師（指導者）も多く，どのように取り組んだらよいか苦慮しています。

　そこで，誰でも使え，個に応じた多様な指導法を掲載している詳細な学習指導計画や指導マニュアルの必要性を痛感し，大学教授や行政の先生方，特別支援学校・特別支援学級の先生方の協力を得ながら，本シリーズを作成しました。

　掲載している内容はすべて実践済みで，結果も残しています。

　結果にこだわった本です。支援を必要としている子どもの指導に最適です。

結果につながる7つのポイント

ポイント1
暗算で買い物計算ができるまでをシリーズで構成

暗算で買い物計算ができるまでの過程をシリーズで構成しています。

ポイント2
暗算で買い物計算ができるまでに必要な単元を抜粋

1年生～3年生までで，暗算で買い物計算ができるために必要な単元を抜粋し，取り組めるようにしています。

ポイント3
教科書を基軸にしながら，多様な指導法を掲載

教科書の単元に沿いつつ，個に応じた指導に対応できる様々な指導法を載せています。

ポイント４
子どもにも分かりやすいように解き方を解説

　図解を入れるなど，視覚的に理解しやすい解説を掲載していますので，子どもによっては，自学できることもあります。（基本的には，教師（指導者）が指導資料として活用することをおすすめしています。）

ポイント５
多様な指導法をもとにした詳細なステップアップワークシートを掲載

　詳細なステップを設定した多くのワークシートを掲載しています。何度もコピーして使用することができ，ワークシートに取り組み方の例を掲載しているものもあります。

ポイント６
「たす・ひく」アプリとの併用により，学習効果が期待できる

　アプリには，学びを行う「学習コーナー」と，学んだことをどれだけ習得しているかをチェックできる「計算ゲームコーナー」があります。無料版（一部使用できない部分あり）と 有料版（ワンコインランチ以下の金額ですべてが使える）があります。有料版は，一度ダウンロードすれば，月々の支払いは，不必要です。（iOS 版・Android 版の両方ともあります。）

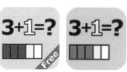

ポイント７
詳細な「学習指導計画・チェックリスト」

　系統的・計画的に学習・チェックできるように，巻末には詳細な「学習指導計画・チェックリスト」を掲載しています。

大江　浩光

【お願い・注意】
・本書は，子どもの実態に応じ，補助資料として内容を取捨選択してご活用ください。
・子どもへ指導する際のコピー配布は OK です。子どもの実態に応じて，適宜拡大コピーをしてご使用ください。指導者間で本書をコピーしたり，書籍・雑誌等に無断転載することは，著作権に触れますので，おやめください。

もくじ

巻頭言 ―どの子も伸びる　主体的・対話的で深い学びの実現― 　菊池省三　3
まえがき　4

第1章　「主体的・対話的で深い学び」の視点に立った計算指導

1　「主体的・対話的で深い学び」の視点に立った指導　……………………10
2　計算指導の単元のポイント　……………………………………………11

第2章　10のたばのくり上がり・くり下がりのない計算

1　10のたばのたしざん　……………………………………………………14
　　ワーク　くりあがりのない10のたば＋10のたば〔タイルつき〕………16
　　　　　　くりあがりのない10のたば＋10のたば〔おかねつき〕………17
　　　　　　くりあがりのない10のたば＋10のたば……………………………18
2　10のたばのひきざん　……………………………………………………19
　　ワーク　くりさがりのない10のたば－10のたば〔タイルつき〕………21
　　　　　　くりさがりのない10のたば－10のたば〔おかねつき〕………22
　　　　　　くりさがりのない10のたば－10のたば……………………………23
3　くりあがりのないたしざん（2けた＋1けた／1けた＋2けた）24
　　ワーク　くりあがりのないたしざん
　　　　　　（2けた＋1けた／1けた＋2けた）〔タイルつき〕…………26
　　　　　　くりあがりのないたしざん
　　　　　　（2けた＋1けた／1けた＋2けた）〔おかねつき〕…………27
　　　　　　くりあがりのないたしざん
　　　　　　（2けた＋1けた／1けた＋2けた）……………………………28

4　くりさがりのないひきざん（2けた－1けた）……29
- ワーク　くりさがりのないひきざん……31
  （2けた－1けた）〔タイルつき〕
  くりさがりのないひきざん……32
  （2けた－1けた）〔おかねつき〕
  くりさがりのないひきざん（2けた－1けた）……33

5　くり上がりのないたし算（2けた＋2けた）……34
- ワーク　くり上がりのないたし算（2けた＋2けた）〔タイルつき〕…36
  くり上がりのないたし算（2けた＋2けた）〔お金つき〕…37
  くり上がりのないたし算（2けた＋2けた）…38

6　くり下がりのないひき算（2けた－2けた）……39
- ワーク　くり下がりのないひき算（2けた－2けた）〔タイルつき〕…41
  くり下がりのないひき算（2けた－2けた）〔お金つき〕…42
  くり下がりのないひき算（2けた－2けた）…43

第3章　1000までの数にチャレンジ

1　100のたばの数字の読み方……46

2　1000までの数……46
- ワーク　タイルから数字（200から999までの数）① ②……48
  お金から数字（200から999までの数）① ②……50
  3けたの数けいれつ① ②……52
  3けたの数直線① ②……54

3　10のたば・100のたば……56
- ワーク　10のたばと100のたば① ② ③……57

4　くり上がり・くり下がりのある10のたばのたし算・ひき算……60
- ワーク　くり上がりのある10のたばのたし算① ②……61
  くり下がりのある10のたばのひき算① ②……63

第4章 たし算とひき算の筆算

1 筆算の記述方法 …………………………………………………… 66
2 5段階式筆算 ……………………………………………………… 66
　✏️ワーク　2けた＋2けたのくり上がりのないひっ算 ……………… 67
　　　　　　1けた＋2けた／2けた＋1けたの
　　　　　　くり上がりのないひっ算 …………………………………… 69
　　　　　　2けた＋2けたの一の位がくり上がるひっ算 ……………… 71
　　　　　　2けた＋2けたの十の位がくり上がるひっ算 ……………… 73
　　　　　　2けた＋2けた／2けた＋1けたの
　　　　　　くり上がりが2回あるひっ算 ……………………………… 75
　　　　　　2けた－2けた／2けた－1けたの
　　　　　　くり下がりのないひっ算 …………………………………… 77
　　　　　　2けた－2けた／2けた－1けたの
　　　　　　くり下がりのあるひっ算 …………………………………… 79
　　　　　　3けた－2けたのくり下がりが1回あるひっ算 …………… 81
　　　　　　3けた－2けたのくり下がりが2回あるひっ算 …………… 83
　　　　　　3けた－2けたのくり下がりが2回あるひっ算
　　　　　　（ひかれる数の十の位が0） ……………………………… 85
　　　　　　3けた＋3けたのくり上がりのないひっ算 ………………… 87
　　　　　　3けた＋3けたのくり上がりが1回あるひっ算 …………… 89
　　　　　　3けた＋3けたのくり上がりが2回あるひっ算 …………… 91

解答　93
付録　学習指導計画・チェックリスト　108
あとがき　110

第 **1** 章

「主体的・対話的で深い学び」の視点に立った計算指導

「主体的・対話的で深い学び」の視点に立った指導

　平成28年12月21日に公表された「幼稚園，小学校，中学校，高等学校及び特別支援学校の学習指導要領等の改善及び必要な方策等について（答申）」には，「主体的・対話的で深い学び」について次のように記されています。

①「主体的な学び」について

　　学ぶことに興味や関心をもち，自己のキャリア形成の方向性と関連付けながら，見通しを持って粘り強く取り組み，自己の学習を振り返って次につなげる「主体的な学び」が実現できているか。

②「対話的な学び」について

　　子供同士の協働，教職員や地域の人との対話，先哲の考え方を手掛かりに考えること等を通じ，自己の考えを広げ深める「対話的な学び」が実現できているか。

③「深い学び」について

　　習得・活用・探究という学びの過程の中で，各教科の特質に応じた「見方・考え方」を働かせながら，知識を相互に関連付けてより深く理解したり，情報を精査して考えを形成したり，問題を見いだして解決策を考えたり，思いや考えを基に創造したりすることに向かう「深い学び」が実現できているか。

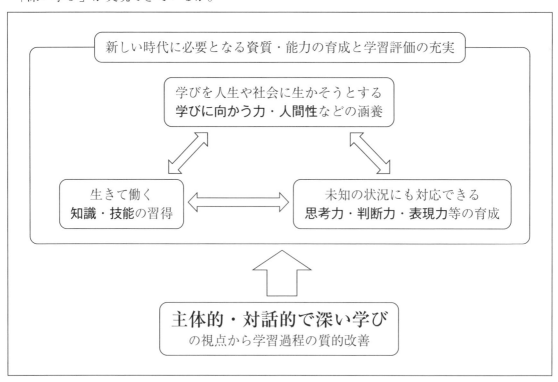

④特別支援教育における「主体的・対話的で深い学び」とは

「主体的な学び」……子供の学びに対する意欲を刺激するため,何を目的として学習をするかを明確にします。その目的達成のために,詳細なステップと個に応じた多様な指導法を用いることにより,「やるぞ」「できた」という意欲化と達成感が生まれ,それらが<u>主体的な学び</u>へとつながります。

「対話的な学び」……個々の実態に応じた教材を通して,子供同士や教師とのコミュニケーションを図ることにより,新たな考えに気づいたり,自分の考えを妥当なものにしたりすることが<u>対話的な学び</u>へとつながります。

「深い学び」…………単に知識や技能を習得するだけでなく,「社会における自立」へとつながるための知識や技能を取捨選択し,習得することが<u>深い学び</u>へとつながります。

計算指導の単元のポイント

子どもたちが自立し,社会参加するためには,暗算で買い物計算ができることがポイントになります。そのために,主に教科書(学校図書版教科書の場合)の以下の単元に重点をおいた指導計画で学習を進めます。

〈1年生の算数単元〉
　「10までのかず」
　「いくつといくつ」
　「たしざん(1)」
　「ひきざん(1)」
　「10よりおおきいかず」
　「たしざん(2)」
　「ひきざん(2)」
　「20よりおおきいかず」

〈2年生の算数単元〉
　「1000までの数」
　「たし算のひっ算」
　「ひき算のひっ算」

〈3年生の算数単元〉
　「たし算とひき算」

これらの単元を学習した後,「買い物計算に必要な計算法・学習プリント」(「支払い算プリント」,「本能式ねだん合計法プリント」,「本能式おつり計算法プリント」)と「買い物シミュレーション」に取り組むことにより,実践の場で,暗算で買い物計算ができる可能性を高めます。(他の単元を行わないというわけではありません。主に上記の12単元を学習した後,残りの単元を学習したり,並行して行ったりします。)

第2章

10のたばのくり上がり・くり下がりのない計算

10のたばのたしざん

〔もんだい〕

| 1つの はこには えんぴつが 20ぽん，もう 1つの はこには えんぴつが 10ぽん はいって います。ぜんぶで なんぼんでしょうか。 |

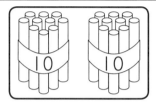
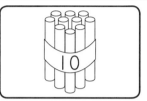

・しきを かきましょう。
 （しき） 20 + 10
 　　　※ 20 + 10 = 30 でも せいかいです。
・けいさんの しかたを かんがえましょう。
 （ヒント）10の まとまりで かんがえましょう。

【えで かんがえよう】

10のたばの へや	ばらの へや
（10のたば2つ）	
（10のたば1つ）	
十のくらい	一のくらい
3	0

【タイルで かんがえよう】

10のたばの へや	ばらの へや
（タイル2本）	
（タイル1本）	
十のくらい	一のくらい
3	0

こたえ　30ぽん

〔もんだい〕

30えん もっています。20えん もらいました。
ぜんぶで なんえんでしょうか。

・しきを かきましょう。
　（しき） 30 + 20
　　　※ 30 + 20 = 50でも せいかいです。

・けいさんの しかたを かんがえましょう。
　（ヒント）10の まとまりで かんがえましょう。

【おかねで かんがえよう】

10えんの へや	1えんの へや
10 10 10	
10 10	
十のくらい	一のくらい
5	0

こたえ　50えん

 **くりあがりのない 10のたば ＋10のたば〔タイルつき〕**

なまえ	

つぎの けいさんを しましょう。

〔れい〕（←は かいても かかなくても よいです）

$$50 + 30 = 80$$

① 20 + 10 =

② 20 + 40 =

③ 30 + 20 =

④ 40 + 30 =

⑤ 10 + 30 =

⑥ 20 + 20 =

ワーク　くりあがりのない 10のたば＋10のたば〔おかねつき〕

なまえ

つぎの けいさんを しましょう。

〔れい〕（←は かいても かかなくても よいです）

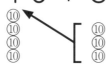

4 0 ＋ 3 0 ＝ 7 0

① 2 0 ＋ 1 0 ＝

② 2 0 ＋ 2 0 ＝

③ 4 0 ＋ 2 0 ＝

④ 5 0 ＋ 4 0 ＝

⑤ 7 0 ＋ 1 0 ＝

⑥ 1 0 ＋ 4 0 ＝

⑦ 3 0 ＋ 4 0 ＝

⑧ 6 0 ＋ 2 0 ＝

くりあがりのない 10のたば ＋10のたば

なまえ	

つぎの けいさんを しましょう。

[れい]   40 ＋ 30 ＝ 70

① 30 ＋ 10 ＝

② 40 ＋ 50 ＝

③ 70 ＋ 20 ＝

④ 50 ＋ 10 ＝

⑤ 40 ＋ 40 ＝

⑥ 20 ＋ 30 ＝

⑦ 30 ＋ 30 ＝

⑧ 60 ＋ 20 ＝

⑨ 10 ＋ 60 ＝

⑩ 80 ＋ 10 ＝

⑪ 20 ＋ 20 ＝

⑫ 30 ＋ 50 ＝

⑬ 50 ＋ 30 ＝

⑭ 10 ＋ 20 ＝

⑮ 30 ＋ 40 ＝

⑯ 20 ＋ 40 ＝

2 10のたばのひきざん

〔もんだい〕

> えんぴつを 30ぽん もっています。20ぽん つかいました。
> のこりは なんぼんでしょうか。

・しきを かきましょう。
　（しき） **30－20**
　　　　※30－20＝10でも せいかいです。
・けいさんの しかたを かんがえましょう。
　（ヒント）10の まとまりで かんがえましょう。

【えで かんがえよう】		【タイルで かんがえよう】	
10のたばの へや	ばらの へや	10のたばの へや	ばらの へや
（絵）		（タイル）	
十のくらい	一のくらい	十のくらい	一のくらい
1	0	1	0

<u>こたえ　10ぽん</u>

〔もんだい〕

50えん もっています。20えん つかいました。
のこりは なんえんでしょうか。

・しきを かきましょう。
　（しき）　50－20
　　　※50－20＝30でも せいかいです。
・けいさんの しかたを かんがえましょう。
　（ヒント）10の まとまりで かんがえましょう。

【おかねで かんがえよう】

10えんの へや	1えんの へや
十のくらい	一のくらい
3	0

こたえ　30えん

 **くりさがりのない 10のたば－10のたば〔タイルつき〕**

なまえ	

つぎの けいさんを しましょう。

[れい] (←は かいても かかなくても よいです)

5 0 － 3 0 ＝ 2 0

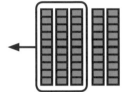

① 3 0 － 1 0 ＝

④ 5 0 － 2 0 ＝

② 4 0 － 3 0 ＝

⑤ 6 0 － 4 0 ＝

③ 2 0 － 1 0 ＝

⑥ 7 0 － 5 0 ＝

ワーク　くりさがりのない 10のたば－10のたば〔おかねつき〕

なまえ

つぎの　けいさんを　しましょう。

〔れい〕（←は かいても かかなくても よいです）

$$40 - 30 = 10$$

① $50 - 10 =$

② $40 - 20 =$

③ $70 - 20 =$

④ $60 - 50 =$

⑤ $30 - 10 =$

⑥ $80 - 50 =$

⑦ $90 - 40 =$

⑧ $50 - 20 =$

ワーク くりさがりのない 10のたば－10のたば

なまえ

つぎの けいさんを しましょう。

〔れい〕 80 － 30 ＝ 50

① 40 － 20 ＝

② 70 － 10 ＝

③ 90 － 60 ＝

④ 60 － 50 ＝

⑤ 50 － 40 ＝

⑥ 80 － 30 ＝

⑦ 90 － 30 ＝

⑧ 30 － 20 ＝

⑨ 70 － 50 ＝

⑩ 30 － 10 ＝

⑪ 80 － 60 ＝

⑫ 50 － 40 ＝

⑬ 20 － 10 ＝

⑭ 80 － 50 ＝

⑮ 60 － 40 ＝

⑯ 60 － 30 ＝

3 くりあがりのないたしざん（2けた+1けた／1けた+2けた）

〔もんだい〕

> えんぴつが 21ぽん あります。
> 2ほん もらうと ぜんぶで なんぼんに なるでしょうか。

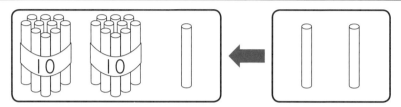

・しきを かきましょう。
　（しき）　21 ＋ 2
　　　　※21＋2＝23でも せいかいです。

・けいさんの しかたを かんがえましょう。
　（ヒント）10の まとまりと ばらに わけて かんがえましょう。

【えで かんがえよう】

10のたばの へや	ばらの へや
十のくらい	一のくらい
2	3

【タイルで かんがえよう】

10のたばの へや	ばらの へや
十のくらい	一のくらい
2	3

こたえ　23ぼん

〔もんだい〕

おかねが 21えん あります。
2えん もらうと ぜんぶで なんえんに なるでしょうか。

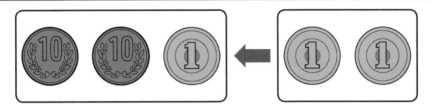

・しきを かきましょう。
　（しき）　21＋2
　　　　※21＋2＝23でも せいかいです。
・けいさんの しかたを かんがえましょう。
　（ヒント）10の まとまりと ばらに わけて かんがえましょう。

【おかねで かんがえよう】

10えんの へや	1えんの へや
10, 10	1
	1, 1
十のくらい	一のくらい
2	3

こたえ　23えん

 くりあがりのないたしざん（2けた＋1けた／1けた＋2けた）〔タイルつき〕

なまえ

つぎの けいさんを しましょう。

〔れい〕（←は かいても かかなくても よいです）

43 ＋ 2 ＝ 45 　　　　　3 ＋ 25 ＝ 28

① 25 ＋ 2 ＝
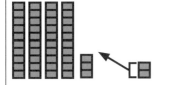

② 7 ＋ 41 ＝
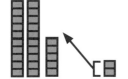

③ 34 ＋ 4 ＝

④ 5 ＋ 23 ＝

⑤ 46 ＋ 3 ＝
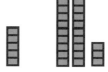

⑥ 1 ＋ 32 ＝

 **ワーク**　くりあがりのないたしざん(2けた+1けた／1けた+2けた)〔おかねつき〕

なまえ

つぎの けいさんを しましょう。

〔れい〕(←は かいても かかなくても よいです)

42 + 1 = 43

3 + 32 = 35

① 35 + 2 =

② 6 + 53 =

③ 61 + 5 =

④ 3 + 62 =

⑤ 57 + 1 =

⑥ 3 + 34 =

⑦ 83 + 4 =

⑧ 7 + 71 =

⑨ 22 + 6 =

⑩ 1 + 22 =

ワーク　くりあがりのないたしざん（2けた＋1けた／1けた＋2けた）

なまえ

つぎの　けいさんを　しましょう。

[れい]　14 ＋ 3 ＝ 17

① 25 ＋ 1 ＝

② 42 ＋ 4 ＝

③ 57 ＋ 2 ＝

④ 3 ＋ 56 ＝

⑤ 82 ＋ 5 ＝

⑥ 74 ＋ 1 ＝

⑦ 47 ＋ 2 ＝

⑧ 4 ＋ 83 ＝

⑨ 73 ＋ 4 ＝

⑩ 66 ＋ 2 ＝

⑪ 3 ＋ 64 ＝

⑫ 8 ＋ 91 ＝

⑬ 6 ＋ 92 ＝

⑭ 34 ＋ 5 ＝

⑮ 3 ＋ 35 ＝

⑯ 7 ＋ 42 ＝

⑰ 8 ＋ 81 ＝

⑱ 53 ＋ 4 ＝

4 くりさがりのないひきざん（2けた−1けた）

〔もんだい〕

えんぴつが 23ぼん あります。
2ほん つかうと のこりは なんぼんに なるでしょうか。

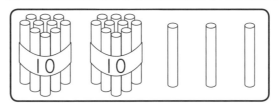

・しきを かきましょう。
  （しき）　23−2
    ※23−2＝21でも せいかいです。

・けいさんの しかたを かんがえましょう。
  （ヒント）10の まとまりと ばらに わけて かんがえましょう。

【えで かんがえよう】

10のたばの へや	ばらの へや
十のくらい	一のくらい
2	1

【タイルで かんがえよう】

10のたばの へや	ばらの へや
十のくらい	一のくらい
2	1

こたえ　21ぽん

〔もんだい〕

おかねが 23えん あります。
2えん つかうと のこりは なんえんに なるでしょうか。

・しきを かきましょう。
　（しき）23－2
　　　　※23－2＝21でも せいかいです。
・けいさんの しかたを かんがえましょう。
　（ヒント）10えんと 1えんを わけて かんがえましょう。

【おかねで かんがえよう】

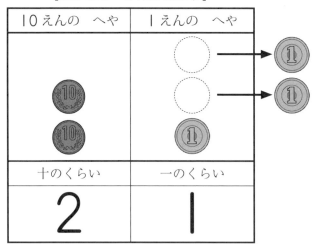

こたえ　21えん

ワーク くりさがりのないひきざん（2けた－1けた）〔タイルつき〕

なまえ	

つぎの けいさんを しましょう。

〔れい〕（→は かいても かかなくても よいです）

45 － 3 ＝ 42

① 54 － 2 ＝

④ 67 － 6 ＝

② 38 － 4 ＝

⑤ 44 － 3 ＝

③ 39 － 5 ＝

⑥ 26 － 1 ＝

ワーク　くりさがりのないひきざん（2けた－1けた）〔おかねつき〕

なまえ

つぎの　けいさんを　しましょう。

[れい]（→は　かいても　かかなくても　よいです）

$$64 - 3 = 61$$

① 57 － 1 ＝

② 48 － 3 ＝

③ 79 － 6 ＝

④ 83 － 2 ＝

⑤ 37 － 2 ＝

⑥ 26 － 6 ＝

⑦ 99 － 4 ＝

⑧ 54 － 2 ＝

⑨ 22 － 1 ＝

⑩ 66 － 5 ＝

ワーク　くりさがりのないひきざん(2けた-1けた)

なまえ

つぎの　けいさんを　しましょう。

[れい]　78 - 5 = 73

① 35 - 3 =

② 24 - 3 =

③ 77 - 6 =

④ 68 - 7 =

⑤ 55 - 2 =

⑥ 87 - 4 =

⑦ 91 - 1 =

⑧ 34 - 2 =

⑨ 46 - 2 =

⑩ 96 - 5 =

⑪ 88 - 5 =

⑫ 79 - 6 =

⑬ 49 - 7 =

⑭ 23 - 3 =

⑮ 75 - 3 =

⑯ 58 - 2 =

⑰ 68 - 8 =

⑱ 65 - 4 =

5　くり上がりのないたし算（2けた＋2けた）

〔もんだい〕

> えんぴつが 23本 あります。
> 12本 もらうと ぜんぶで 何本に なるでしょうか。

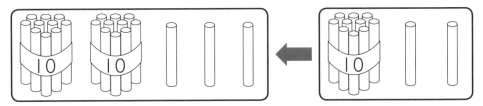

・しきを かきましょう。

　　（しき）　23＋12

　　　　※ 23＋12＝35でも せいかいです。

・計算の しかたを 考えましょう。

　　（ヒント）10の まとまりと ばらに わけて 考えましょう。

【絵で 考えよう】　　　　　　　　　【タイルで 考えよう】

10のたばの へや	ばらの へや
十のくらい	一のくらい
3	5

10のたばの へや	ばらの へや
十のくらい	一のくらい
3	5

答え　35本

〔もんだい〕

お金が 23円 あります。
12円 もらうと ぜんぶで 何円に なるでしょうか。

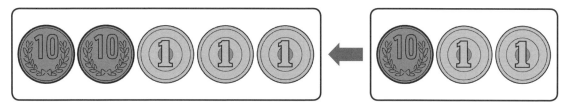

・しきを かきましょう。
　　（しき） 23＋12
　　　　※23＋12＝35でも せいかいです。
・計算の しかたを 考えましょう。
　　（ヒント）10円と 1円に わけて 考えましょう。

【お金で 考えよう】

10円の へや	1円の へや
🪙🪙	①①①
🪙	①①
十のくらい	一のくらい
3	5

答え　35円

ワーク くり上がりのないたし算(2けた＋2けた)〔タイルつき〕

なまえ

つぎの 計算を しましょう。

〔れい〕（←は かいても かかなくても よいです）

$$31 + 23 = 54$$

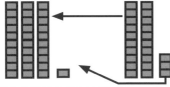

① $25 + 14 =$

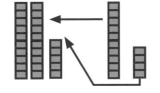

④ $15 + 23 =$

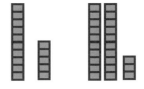

② $27 + 41 =$

⑤ $34 + 24 =$

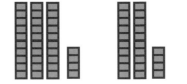

③ $16 + 32 =$

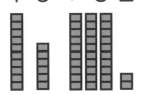

⑥ $44 + 32 =$

ワーク　くり上がりのないたし算（2けた＋2けた）〔お金つき〕

なまえ

つぎの 計算を しましょう。

〔れい〕（←は かいても かかなくても よいです）

$$42 + 31 = 73$$

① $32 + 15 =$

② $36 + 53 =$

③ $51 + 43 =$

④ $25 + 62 =$

⑤ $23 + 56 =$

⑥ $42 + 34 =$

⑦ $83 + 14 =$

⑧ $71 + 18 =$

⑨ $22 + 56 =$

⑩ $11 + 22 =$

ワーク　くり上がりのないたし算（2けた＋2けた）

なまえ

つぎの 計算を しましょう。

〔れい〕　34 ＋ 23 ＝ 57

① 25 ＋ 12 ＝

② 42 ＋ 24 ＝

③ 56 ＋ 33 ＝

④ 13 ＋ 56 ＝

⑤ 82 ＋ 15 ＝

⑥ 74 ＋ 21 ＝

⑦ 47 ＋ 21 ＝

⑧ 14 ＋ 83 ＝

⑨ 73 ＋ 24 ＝

⑩ 62 ＋ 22 ＝

⑪ 33 ＋ 63 ＝

⑫ 17 ＋ 81 ＝

⑬ 26 ＋ 22 ＝

⑭ 34 ＋ 35 ＝

⑮ 63 ＋ 35 ＝

⑯ 27 ＋ 42 ＝

⑰ 18 ＋ 81 ＝

⑱ 53 ＋ 44 ＝

くり下がりのないひき算（2けた－2けた）

〔もんだい〕

えんぴつが 35本 あります。
12本 つかうと のこりは 何本に なるでしょうか。

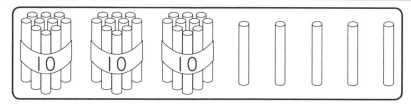

・しきを かきましょう。
　（しき）　35－12

　　※35－12＝23でも せいかいです。

・計算の しかたを 考えましょう。
　（ヒント）10の まとまりと ばらに わけて 考えましょう。

【絵で 考えよう】

10のたばの へや	ばらの へや
十のくらい	一のくらい
2	3

【タイルで 考えよう】

10のたばの へや	ばらの へや
十のくらい	一のくらい
2	3

答え　23本

〔もんだい〕

お金が 35円 あります。
12円 つかうと のこりは 何円に なるでしょうか。

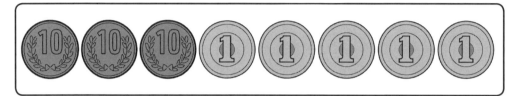

・しきを かきましょう。
　(しき) 35 − 12
　　　※ 35−12＝23でも せいかいです。
・計算の しかたを 考えましょう。
　(ヒント) 10円は 10円の まとまりで, 1円は 1円の まとまりで
　　　　　 考えましょう。

【お金で 考えよう】

10円の へや	1円の へや
十のくらい	一のくらい
2	3

答え　23円

ワーク　くり下がりのないひき算（2けた－2けた）〔タイルつき〕

なまえ

つぎの 計算を しましょう。

〔れい〕（←は かいても かかなくても よいです）

$$45 - 13 = 32$$

① $34 - 12 =$

② $38 - 14 =$

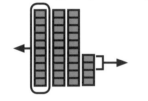

③ $37 - 25 =$

④ $69 - 43 =$

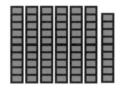

⑤ $44 - 33 =$

⑥ $56 - 31 =$

ワーク　くり下がりのないひき算（2けた－2けた）〔お金つき〕

なまえ

つぎの 計算を しましょう。

〔れい〕（←は かいても かかなくても よいです）

$$64 - 13 = 51$$

① 76 － 21 ＝

② 49 － 17 ＝

③ 68 － 33 ＝

④ 83 － 52 ＝

⑤ 37 － 24 ＝

⑥ 67 － 23 ＝

⑦ 99 － 46 ＝

⑧ 54 － 32 ＝

⑨ 22 － 11 ＝

⑩ 66 － 65 ＝

ワーク　くり下がりのないひき算（2けた－2けた）

なまえ

つぎの 計算を しましょう。

[れい]　78 － 25 ＝ 53

① 35 － 13 ＝

② 46 － 12 ＝

③ 77 － 36 ＝

④ 68 － 67 ＝

⑤ 55 － 22 ＝

⑥ 87 － 24 ＝

⑦ 91 － 51 ＝

⑧ 32 － 11 ＝

⑨ 24 － 13 ＝

⑩ 96 － 35 ＝

⑪ 88 － 25 ＝

⑫ 79 － 26 ＝

⑬ 49 － 37 ＝

⑭ 23 － 13 ＝

⑮ 75 － 23 ＝

⑯ 58 － 32 ＝

⑰ 68 － 58 ＝

⑱ 65 － 34 ＝

第3章

1000までの数にチャレンジ

100のたばの数字の読み方

【100のたば】（読み方）
〔もんだい〕 数字を 読みましょう。

① 100 ──→ （ひゃく）
⑩⓪

② 200 ──→ （にひゃく）
⑩⓪ ⑩⓪

③ 300 ──→ （さんびゃく）
⑩⓪ ⑩⓪ ⑩⓪

④ 400 ──→ （よんひゃく）
⑩⓪ ⑩⓪ ⑩⓪ ⑩⓪

⑤ 500 ──→ （ごひゃく）
⑩⓪ ⑩⓪ ⑩⓪ ⑩⓪ ⑩⓪

⑥ 600 ──→ （ろっぴゃく）
⑤⓪⓪ ⑩⓪

⑦ 700 ──→ （ななひゃく）
⑤⓪⓪ ⑩⓪ ⑩⓪

⑧ 800 ──→ （はっぴゃく）
⑤⓪⓪ ⑩⓪ ⑩⓪ ⑩⓪

⑨ 900 ──→ （きゅうひゃく）
⑤⓪⓪ ⑩⓪ ⑩⓪ ⑩⓪ ⑩⓪

  1000までの数

〔れんしゅうもんだい〕
えんぴつは ぜんぶで 何本 あるでしょうか。

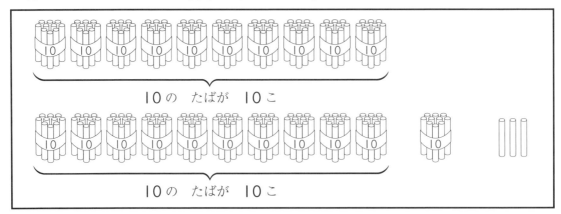

・10のたばが （　　）こと，ばらが （　　）こ，ぜんぶで 〔　　　　〕こ あります。

【タイルで 考えよう】

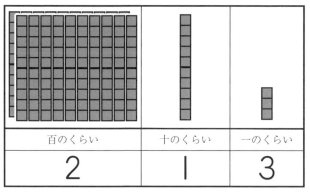

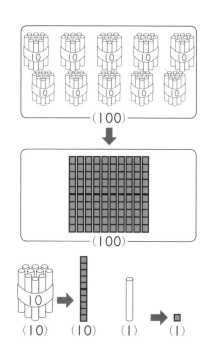

213は,100を 2こ,10を 1こ,1を 3こ あつめた 数です。
二百十三（にひゃく じゅう さん）といい,213と かきます。

〔れんしゅうもんだい〕

1本 1円の えんぴつが あります。ぜんぶで 何円でしょうか。

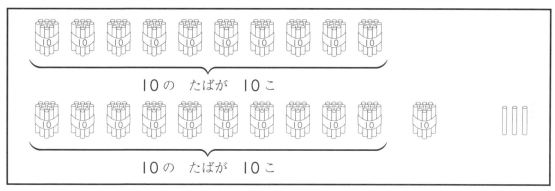

【お金で 考えよう】

100円の へや	10円の へや	1円の へや
100円玉 2まい	10円玉 1まい	1円玉 3まい
百のくらい	十のくらい	一のくらい
2	1	3

答え　213円

ワーク タイルから数字（200から999までの数） 1

なまえ

つぎの 数を かきましょう。

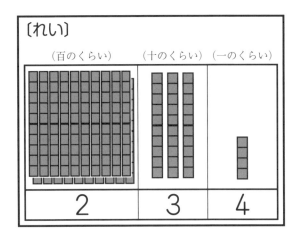

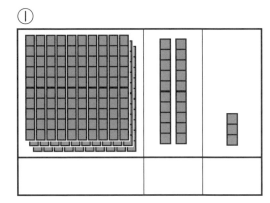

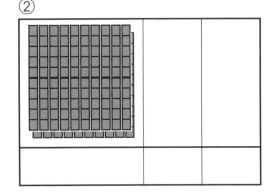

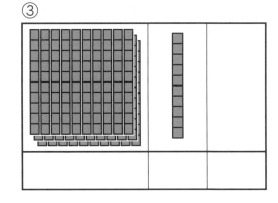

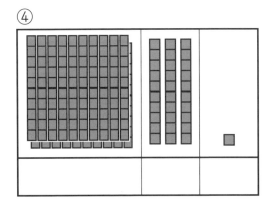

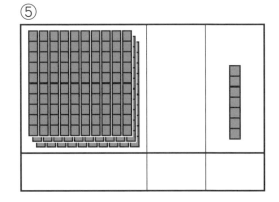

ワーク　タイルから数字（200から999までの数）②

なまえ

つぎの 数を かきましょう。

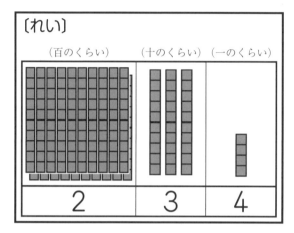

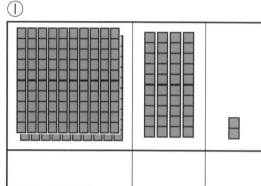

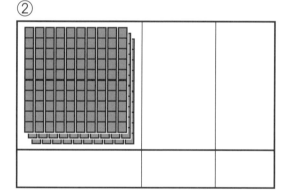

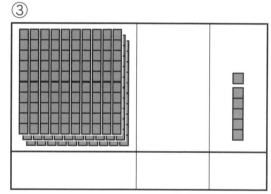

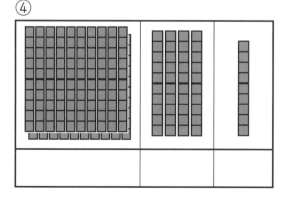

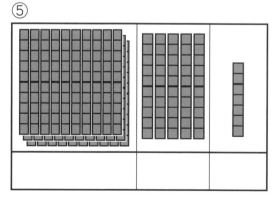

ワーク　お金から数字（200から999までの数）１

なまえ

つぎの 数を かきましょう。

[れい] 284

[れい] 270

[れい] 204

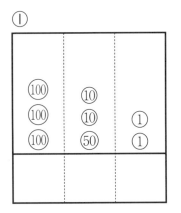

①

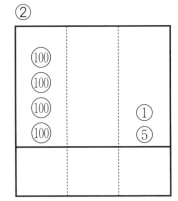

②

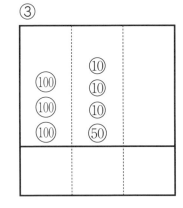

③

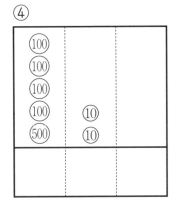

④

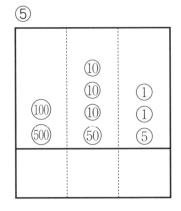

⑤

⑥

ワーク お金から数字（200から999までの数） ②

なまえ

つぎの 数を かきましょう。

① ② ③
④ ⑤ ⑥
⑦ ⑧ ⑨

ワーク 3けたの数けいれつ ①

なまえ

□に あてはまる 数を かきましょう。

[れい] 120 — 121 — 122 — 123 — 124

① 150 — 151 — □ — 153 — □

② 370 — 371 — □ — □ — 374

③ 736 — □ — 738 — □ — 740

④ 483 — 484 — □ — 486 — □

⑤ 268 — 269 — □ — 271 — □

⑥ 816 — 817 — □ — 819 — □

⑦ 679 — □ — □ — 682 — 683

ワーク　3けたの数けいれつ ②

なまえ

□に あてはまる 数を かきましょう。

〔れい〕
―120―130―140―150―160―

① ―530―540―□―560―□―

② ―350―360―□―380―□―

③ ―760―770―□―790―□―

④ ―490―500―□―520―□―

⑤ ―680―690―□―710―□―

⑥ ―100―200―□―400―□―

⑦ ―500―□―700―□―900―

ワーク 3けたの数直線 ①

なまえ

↑の ところの 数を □に かきましょう。

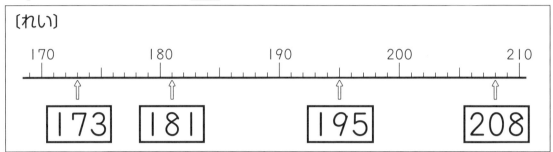

[れい] 173　181　195　208

①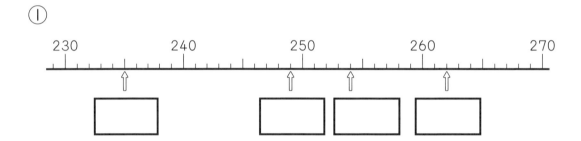

②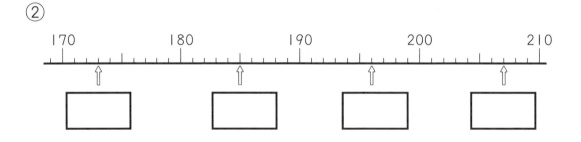

③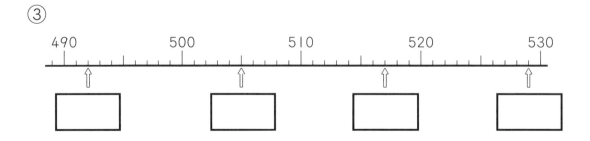

ワーク 3けたの数直線 2

なまえ

↑の ところの 数を ☐ に かきましょう。

[れい]

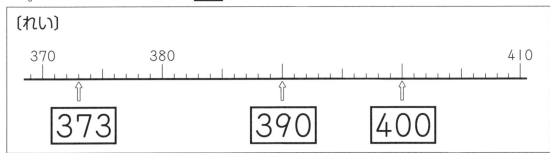

①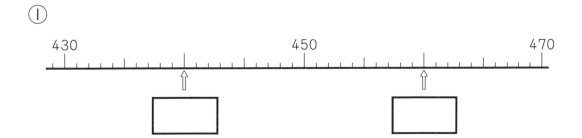

②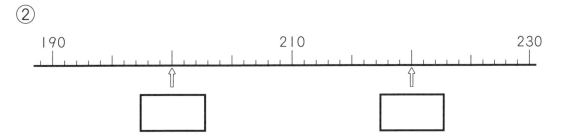

③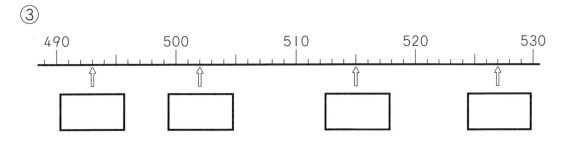

10のたば・100のたば

〔もんだい〕

240は,どんな 数の たばから できているか しらべましょう。
お金に おきかえて 考えてみましょう。

① 240円を 100円の まとまりと 10円の まとまりで 考えた ばあい

240…⑩⑩と⑩⑩⑩⑩

【お金で 考えよう】

100円の へや	10円の へや	1円の へや
2	4	0

② 240円を 10円の まとまりで 考えた ばあい

240 { ⑩⑩⑩⑩
       ⑩⑩⑩⑩⑩ ⑩⑩⑩⑩⑩
       ⑩⑩⑩⑩⑩ ⑩⑩⑩⑩⑩

【お金で 考えよう】

10円の へや	1円の へや
2 4	0

ワーク 10のたばと100のたば ①

なまえ

□に あてはまる 数を かきましょう。

[れい]

320円は, 100円が **3** まい, 10円が **2** まいです。

① 230円は, 100円が ☐ まい, 10円が ☐ まいです。

② 120円は, 100円が ☐ まい, 10円が ☐ まいです。

③ 400円は, 100円が ☐ まいです。

　　 または, 10円が ☐ まいです。

④ 590円は, 100円が ☐ まい, 10円が ☐ まいです。

⑤ 670円は, 100円が ☐ まい, 10円が ☐ まいです。

⑥ 840円は, 100円が ☐ まい, 10円が ☐ まいです。

⑦ 300円は, 100円が ☐ まいです。

　　 または, 10円が ☐ まいです。

ワーク　10のたばと100のたば ②

なまえ

□に あてはまる 数を かきましょう。

〔れい〕
260円は、10円が **26** まいです。

① 230円は、10円が □ まいです。

② 520円は、10円が □ まいです。

③ 450円は、10円が □ まいです。

④ 980円は、10円が □ まいです。

⑤ 360円は、10円が □ まいです。

⑥ 790円は、10円が □ まいです。

ワーク 10のたばと100のたば ③

なまえ _____

□に あてはまる 数を かきましょう。

〔れい〕
10円が 12まいで ☐120☐ 円です。
⑩⑩
⑩⑩⑩⑩⑩ ⑩⑩⑩⑩⑩

① 10円が 23まいで ☐☐☐ 円です。
⑩⑩⑩
⑩⑩⑩⑩⑩ ⑩⑩⑩⑩⑩
⑩⑩⑩⑩⑩ ⑩⑩⑩⑩⑩

② 10円が 41まいで ☐☐☐ 円です。

③ 10円が 75まいで ☐☐☐ 円です。

④ 10円が 59まいで ☐☐☐ 円です。

⑤ 10円が 8まいで ☐☐☐ 円です。

⑥ 10円が 36まいで ☐☐☐ 円です。

⑦ 10円が 7まいで ☐☐☐ 円です。

4 くり上がり・くり下がりのある 10のたばのたし算・ひき算

●たし算

> 90円の パンと
> 30円の あめを かいました。
> あわせて いくらに なるでしょうか。

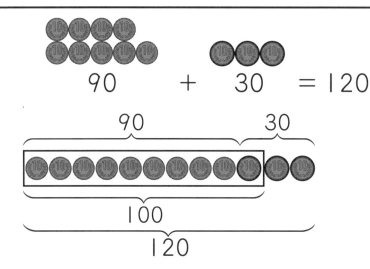

答え　120円

●ひき算

> 120円 もっています。
> 30円 つかいました。
> のこりは 何円でしょうか。

答え　90円

ワーク　くり上がりのある 10 のたばのたし算 ①

なまえ

つぎの　たし算を　しましょう。

[れい]　　90 ＋ 40 ＝ 130

① 80 + 20 =

② 60 + 50 =

③ 70 + 70 =

④ 30 + 80 =

⑤ 90 + 70 =

⑥ 60 + 60 =

⑦ 50 + 50 =

⑧ 90 + 50 =

⑨ 70 + 80 =

⑩ 10 + 90 =

⑪ 40 + 90 =

⑫ 80 + 40 =

⑬ 80 + 70 =

⑭ 40 + 70 =

ワーク　くり上がりのある10のたばのたし算 ②

なまえ

つぎの たし算を しましょう。

[れい]　90 + 30 = 120

① 80 + 30 =

② 70 + 50 =

③ 60 + 70 =

④ 50 + 80 =

⑤ 70 + 90 =

⑥ 90 + 80 =

⑦ 50 + 80 =

⑧ 70 + 40 =

⑨ 70 + 30 =

⑩ 90 + 90 =

⑪ 60 + 90 =

⑫ 80 + 20 =

⑬ 80 + 80 =

⑭ 50 + 70 =

ワーク　くり下がりのある 10のたばのひき算 ①

なまえ

つぎの ひき算を しましょう。

[れい]　120 − 30 = 90

① 130 − 60 =

② 120 − 90 =

③ 170 − 90 =

④ 160 − 80 =

⑤ 150 − 70 =

⑥ 130 − 90 =

⑦ 140 − 50 =

⑧ 150 − 80 =

⑨ 140 − 80 =

⑩ 160 − 90 =

⑪ 110 − 30 =

⑫ 120 − 40 =

⑬ 150 − 60 =

⑭ 140 − 70 =

ワーク　くり下がりのある 10 のたばのひき算 2

なまえ

つぎの ひき算を しましょう。

[れい]
$$120 - 30 = 90$$

① $120 - 80 =$

② $110 - 90 =$

③ $170 - 80 =$

④ $160 - 70 =$

⑤ $110 - 60 =$

⑥ $130 - 80 =$

⑦ $180 - 90 =$

⑧ $130 - 70 =$

⑨ $120 - 70 =$

⑩ $140 - 90 =$

⑪ $110 - 50 =$

⑫ $120 - 50 =$

⑬ $150 - 80 =$

⑭ $140 - 60 =$

第4章

たし算とひき算の筆算

本書では，2年生で習うたし算とひき算の筆算を掲載しています。また，日常の買い物を行う際には，商品の値段の合計が求められるため，3年生で習うたし算の筆算も掲載しています。

1 筆算の記述方法

くり上がりのあるたし算の筆算の記述方法には，下記のA〜Cのパターンがあります。
筆算は，あくまでも計算方法なので，こうしなければならないという決まりはありません。

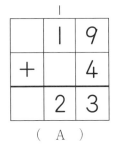
（ A ）

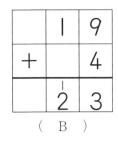
（ B ）

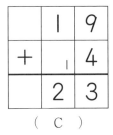
（ C ）

「解答欄に文字が重複しないこと」や「くり上がりの数字の書きやすさ」などを考慮すると，Aの記述方法が子どもにとっては分かりやすいようです。児童の実態に応じて，方法を選択してください。

2 5段階式筆算

「5段階式筆算」とは，筆算を5つのスモールステップで行わせる方法です。この方法で行わせることにより，基本的な計算のシステムを習得させることができます。また，⑩や①などの数のかたまりが一瞬で分かるので，量感や位取りが身につきやすいです。

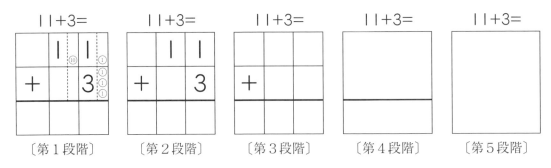

※第1段階に掲載している①や⑩などの数字記号に斜線を引いて消す方法もあります。

ワーク 2けた+2けたのくり上がりのないひっ算〔第1段階〕

なまえ

〔31+22の ひっ算の しかた〕

	「十の位」	「一の位」
	3	1
+	2	2
	【5】	[3]

[計算の じゅんばん]
(1) 位を そろえて かく。
(2) 「一の位」は 1+2=3。
(3) 答えの 3を 「一の位」の 下の [ ] に かく。
(4) 「十の位」は 3+2=5。
(5) 答えの 5を 「十の位」の 下の 【 】 に かく。
(6) 答えは，53 となる。

ひっ算を してから しきに 答えを かきましょう。

① 12+11=

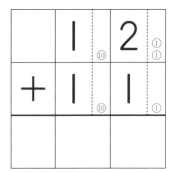

② 30+21=

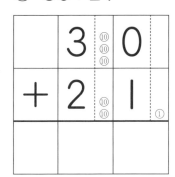

③ 40+10=

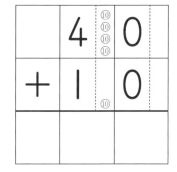

④ 23+11=

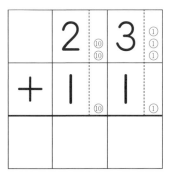

⑤ 22+20=

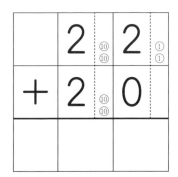

⑥ 30+10=

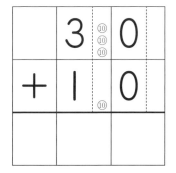

 **2けた＋2けたのくり上がりのないひっ算〔第2～5段階〕**

なまえ	

ひっ算を してから しきに 答えを かきましょう。

① 42+51=

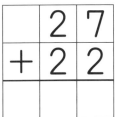

② 63+20=

③ 10+30=

④ 71+14=

⑤ 27+22=

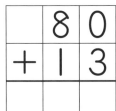

⑥ 80+13=

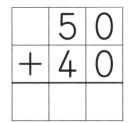

⑦ 50+40=

⑧ 31+37=

⑨ 24+60=

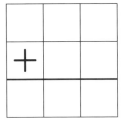

⑩ 30+50=

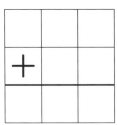

⑪ 48+31=

⑫ 50+25=

⑬ 60+30=

⑭ 73+13=

⑮ 85+10=

⑯ 20+70=

ワーク 1けた＋2けた／2けた＋1けたのくり上がりのないひっ算〔第1段階〕

なまえ

〔2＋23の ひっ算の しかた〕

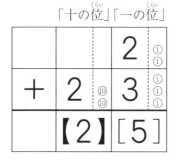

[計算の じゅんばん]
(1) 位を そろえて かく。
(2) 「一の位」は 2＋3＝5。
(3) 答えの 5を 「一の位」の 下の [ ] に かく。
(4) 「十の位」は 0＋2＝2。
(5) 答えの 2を 「十の位」の 下の 【 】 に かく。
(6) 答えは，25 となる。

ひっ算を してから しきに 答えを かきましょう。

① 2＋31＝

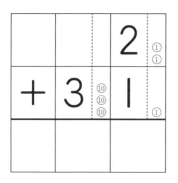

② 3＋22＝

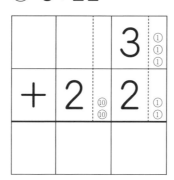

③ 1＋63＝

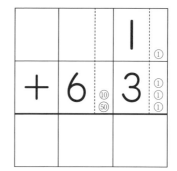

④ 72＋2＝

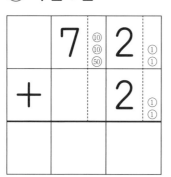

⑤ 80＋5＝

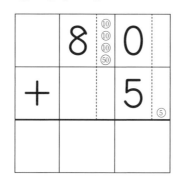

⑥ 14＋1＝

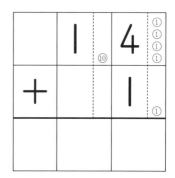

ワーク 1けた＋2けた／2けた＋1けたのくり上がりのないひっ算〔第2〜5段階〕

なまえ	

ひっ算を してから しきに 答えを かきましょう。

① 5+24＝

② 53+2＝

③ 6+12＝

④ 42+7＝

⑤ 73+1＝

⑥ 2+47＝

⑦ 1+98＝

⑧ 10+2＝

⑨ 4+21＝

⑩ 39+0＝

⑪ 44+3＝

⑫ 1+54＝

⑬ 65+2＝

⑭ 3+73＝

⑮ 85+4＝

⑯ 4+24＝

ワーク 2けた+2けたの一の位がくり上がるひっ算〔第1段階〕

なまえ

〔27+16の ひっ算の しかた〕

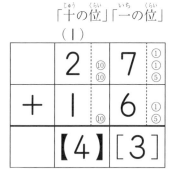

[計算の じゅんばん]
(1) 位を そろえて かく。
(2) 「一の位」は 7+6=13。
(3) 答えの 13の 3は,「一の位」の 下の [ ] に かき, 答えの 13の 10は,「十の位」に くり上げ,「十の位」の 上の ( ) に 1と かく。
(4) 「十の位」は (1)+2+1=4。
(5) 答えの 4を「十の位」の 下の 【 】 に かく。
(6) 答えは, 43 となる。

ひっ算を してから しきに 答えを かきましょう。

① 34+29= ② 54+37= ③ 16+79=

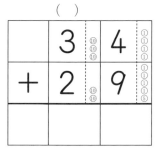 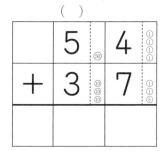 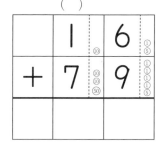

④ 13+27= ⑤ 25+57= ⑥ 47+39=

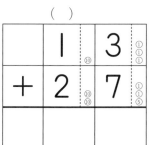 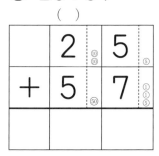

2けた＋2けたの一の位がくり上がるひっ算〔第2〜5段階〕

| なまえ | |

ひっ算を してから しきに 答えを かきましょう。

① 49+23=

```
   4 9
 + 2 3
```

② 75+16=

```
   7 5
 + 1 6
```

③ 35+47=

```
   3 5
 + 4 7
```

④ 49+29=

```
   4 9
 + 2 9
```

⑤ 14+78=

```
   1 4
 + 7 8
```

⑥ 58+28=

```
   5 8
 + 2 8
```

⑦ 28+66=

```
   2 8
 + 6 6
```

⑧ 56+17=

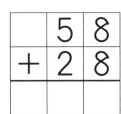
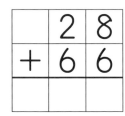
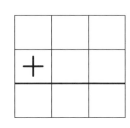

⑨ 31+19=

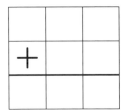

⑩ 27+38=

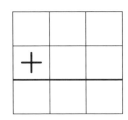

⑪ 15+15=

⑫ 61+29=

⑬ 67+27=

⑭ 43+49=

⑮ 74+17=

⑯ 36+27=

ワーク　2けた＋2けたの十の位がくり上がるひっ算〔第1段階〕

なまえ

〔37+92の ひっ算の しかた〕
「百の位」「十の位」「一の位」

	3	7
+	9	2
{1}	【2】	[9]

〔計算の じゅんばん〕
(1) 位を そろえて かく。
(2) 「一の位」は 7+2=9。
(3) 「十の位」の 計算（3+9=12）の 答えの 12の 2は，「十の位」の 下の【　】に かく。
答えの 12の 10は，「百の位」の 下の｛　｝に 1と かく。
(4) 答えは，129 となる。

ひっ算を してから しきに 答えを かきましょう。

① 84+42=

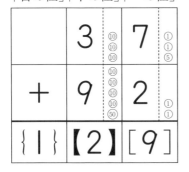

② 54+90=

③ 36+71=

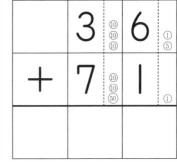

④ 60+70=

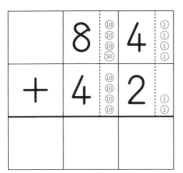

⑤ 30+80=

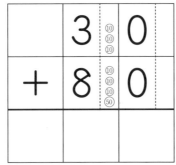

⑥ 60+60=

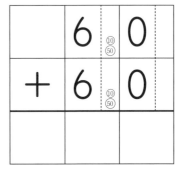

ワーク 2けた＋2けたの十の位がくり上がるひっ算〔第2〜5段階〕

なまえ

ひっ算を してから しきに 答えを かきましょう。

① 41+92=

② 70+70=

③ 95+43=

④ 43+94=

⑤ 81+57=

⑥ 50+70=

⑦ 61+65=

⑧ 56+52=

⑨ 30+70=

⑩ 82+35=

⑪ 75+33=

⑫ 60+90=

⑬ 67+82=

⑭ 83+41=

⑮ 70+80=

⑯ 86+61=

ワーク 2けた+2けた／2けた+1けたのくり上がりが2回あるひっ算〔第1段階〕

なまえ

[78+64の ひっ算の しかた]

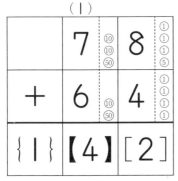

[計算の じゅんばん]
(1) 位を そろえて かく。
(2) 「一の位」は 8+4=12。
(3) 答えの 12の 2は,「一の位」の 下の [ ]に かき, 答えの 12の 10は,「十の位」に くり上げ,「十の位」の 上の ( )に 1と かく。
(4) 「十の位」は (1)+7+6=14。
(5) 答えの 14の 4は,「十の位」の 下の 【 】に かき, 答えの 14の 1は 「百の位」の 下の { }に かく。
(6) 答えは, 142 となる。

ひっ算を してから しきに 答えを かきましょう。

① 87+34=
( )

② 93+7=
( )

③ 75+25=
( )

 **2けた＋2けた／2けた＋1けたのくり上がりが2回あるひっ算(第2〜5段階)**

なまえ	

ひっ算を してから しきに 答えを かきましょう。

① 93+17＝

② 38+98＝

③ 97+7＝

```
  9 3        3 8        9 7
+ 1 7      + 9 8      +   7
```

④ 65+99＝

⑤ 6+98＝

⑥ 56+55＝

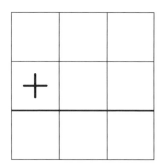
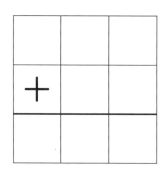

⑦ 78+47＝

⑧ 87+87＝

⑨ 99+1＝

ワーク　2けた－2けた／2けた－1けたのくり下がりのないひっ算〔第1段階〕

なまえ

〔35－12の　ひっ算の　しかた〕

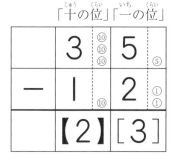

〔計算の　じゅんばん〕
(1) 位を　そろえて　かく。
(2) 「一の位」は　5－2＝3。
(3) 答えの　3を　「一の位」の　下の　[　]　に　かく。
(4) 「十の位」は　3－1＝2。
(5) 答えの　2を　「十の位」の　下の　【　】　に　かく。
(6) 答えは，23となる。

ひっ算を　してから　しきに　答えを　かきましょう。

① 32－21＝

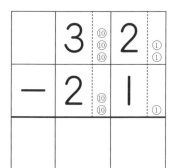

② 53－13＝

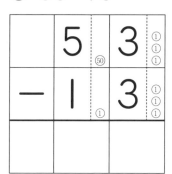

③ 70－50＝

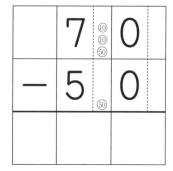

④ 43－2＝

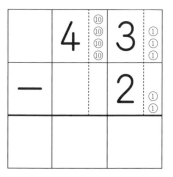

⑤ 34－2＝

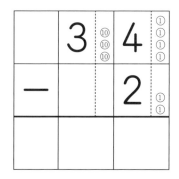

⑥ 88－3＝

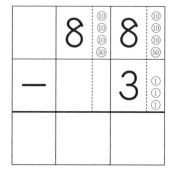

 **2けた−2けた／2けた−1けたのくり下がりのないひっ算（第2〜5段階）**

なまえ

ひっ算を してから しきに 答えを かきましょう。

① 42−21=

	4	2
−	2	1

② 66−2=

	6	6
−		2

③ 20−10=

	2	0
−	1	0

④ 32−22=

	3	2
−	2	2

⑤ 97−5=

	9	7
−		5

⑥ 34−34=

	3	4
−	3	4

⑦ 60−50=

	6	0
−	5	0

⑧ 23−12=

⑨ 82−41=

⑩ 79−4=

⑪ 48−16=

⑫ 54−3=

⑬ 50−20=

⑭ 77−12=

⑮ 89−1=

⑯ 90−40=

 2けた－2けた／2けた－1けたのくり下がりのあるひっ算〔第1段階〕

なまえ

〔86－27の ひっ算の しかた〕

「十の位」「一の位」
 (7)　　《10》

```
  8  6
－ 2  7
 【5】[9]
```

[計算の じゅんばん]
(1) 位を そろえて かく。
(2)「一の位」は，(6－7)だが，できないので，「十の位」から 1 くり下げる。
(3)「十の位」の 8と 1つの ⑩に 線を 引き，「十の位」の 上の ( )に 7,「一の位」の 上の 《 》に 10を かく。
(4)「一の位」を 計算する。(10＋6－7)か (10－7＋6) の ときやすい ほうを する。
(5) 答えの 9を 「一の位」の 下の [ ]に かく。
(6)「十の位」は 7－2＝5。
(7) 答えの 5を 「十の位」の 下の【 】に かく。
(8) 答えは，59 となる。

ひっ算を してから しきに 答えを かきましょう。

① 41－25＝

② 80－38＝

③ 97－59＝

④ 34－6＝

⑤ 62－7＝

⑥ 90－6＝

2けた−2けた／2けた−1けたのくり下がりのあるひっ算 〔第2〜5段階〕

なまえ

ひっ算を してから しきに 答えを かきましょう。

① 51−24=

```
  5 1
−　2 4
```

② 63−8=

```
  6 3
−　  8
```

③ 31−13=

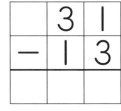

④ 96−7=

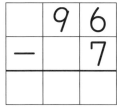

⑤ 74−46=

```
  7 4
−　4 6
```

⑥ 82−5=

```
  8 2
−　  5
```

⑦ 87−69=

```
  8 7
−　6 9
```

⑧ 63−35=

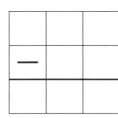

⑨ 47−8=

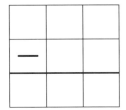

⑩ 90−15=

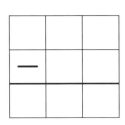

⑪ 42−16=

⑫ 78−9=

⑬ 62−54=

⑭ 24−18=

⑮ 54−8=

⑯ 25−17=

ワーク　3けた−2けたのくり下がりが1回あるひっ算〔第1段階〕

なまえ

〔423−40の ひっ算の しかた〕

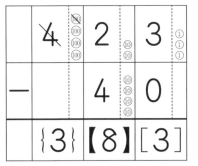

[計算の じゅんばん]
(1) 位を そろえて かく。
(2) 「一の位」は 3−0=3。
(3) 答えの 3を 「一の位」の 下の [ ]に かく。
(4) 「十の位」の 計算が できないので,「百の位」の 400から 100を かり,「百の位」の 4と ⑩に 線を 引き,「百の位」の 上の 〈 〉に 3, 「十の位」の 上の ( )に 10を かく。
(5) 「十の位」を 計算する。(10+2−4)か (10−4+2)の ときやすい ほうを する。
(6) 答えの 8を 「十の位」の 下の 【 】に かく。
(7) 「百の位」は 3−0=3。
(8) 答えの 3を 「百の位」の 下の ¦ ¦に かく。
(9) 答えは, 383となる。

ひっ算を してから しきに 答えを かきましょう。

① 114−31=
〈 〉 （ ）

② 203−82=
〈 〉 （ ）

③ 120−50=
〈 〉 （ ）

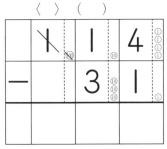 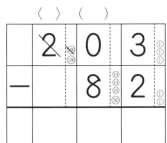 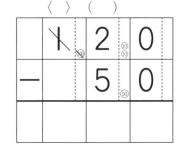

④ 357−72=
〈 〉 （ ）

⑤ 404−60=
〈 〉 （ ）

⑥ 248−96=
〈 〉 （ ）

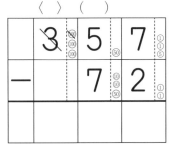 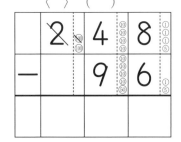

 **3けた−2けたのくり下がりが1回あるひっ算〔第2〜5段階〕**

なまえ

ひっ算を してから しきに 答えを かきましょう。

① 147−62=

```
  1 4 7
−   6 2
```

② 339−85=

```
  3 3 9
−   8 5
```

③ 556−73=

```
  5 5 6
−   7 3
```

④ 203−61=

```
  2 0 3
−   6 1
```

⑤ 147−64=

```
  1 4 7
−   6 4
```

⑥ 609−58=

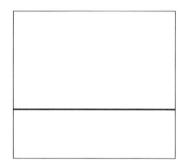

⑦ 336−73=

⑧ 162−90=

⑨ 758−96=

ワーク 3けた-2けたのくり下がりが2回あるひっ算〔第1段階〕

なまえ

[452-73の ひっ算の しかた]

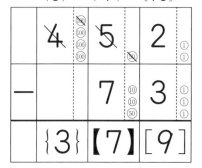

[計算の じゅんばん]
(1) 位を そろえて かく。
(2)「一の位」は (2-3)だが, できないので,「十の位」から 1 くり下げ,「十の位」の 上の ( )に 4を かき,「一の位」の 上の《 》に 10を かく。
(3)「一の位」を 計算する。(10+2-3)か (10-3+2)の ときやすい ほうを する。
(4) 答えの 9を 「一の位」の 下の [ ]にかく。
(5)「十の位」は (4-7)だが, できないので,「百の位」から 1 くり下げ,「百の位」の 4と 1つの ⑩に 線を 引き,「百の位」の 上の〈 〉に 3,「十の位」の 上の ( )に 10を かく。
(6)「十の位」を 計算する。(10+4-7)か (10-7+4)の ときやすい ほうを する。
(7) 答えの 7を 「十の位」の 下の【 】にかく。
(8)「百の位」を 計算(3-0=3)する。
(9) 答えの 3を 「百の位」の 下の | |に かく。
(10) 答えは, 379 となる。

ひっ算を してから しきに 答えを かきましょう。

① 341-82=

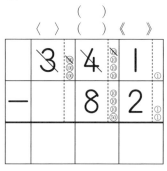

② 417-48=

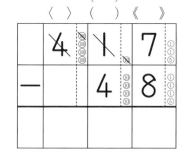

③ 624-35=

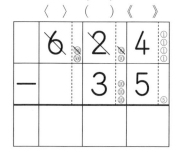

 **3けた−2けたのくり下がりが2回あるひっ算〔第2〜5段階〕**

なまえ	

ひっ算を してから しきに 答えを かきましょう。

① 131−57=　　　② 572−94=　　　③ 255−66=

	1	3	1
−		5	7

	5	7	2
−		9	4

	2	5	5
−		6	6

④ 416−29=　　　⑤ 124−38=　　　⑥ 670−93=

	4	1	6
−		2	9

	1	2	4
−		3	8

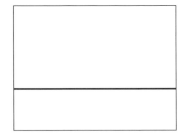

⑦ 963−86=　　　⑧ 750−97=　　　⑨ 337−49=

ワーク　3けた－2けたのくり下がりが2回あるひっ算（ひかれる数の十の位が0）〔第1段階〕

なまえ

[402-73の ひっ算の しかた]

「百の位」「十の位」「一の位」
　　　　　　（9）
〈3〉　（10）　《10》

	4	0	2
－		7	3
	{3}	【2】	[9]

[計算の じゅんばん]

(1) 位を そろえて かく。
(2) 「一の位」は （2－3）だが，できないので，「十の位」から 1 くり下げるが，0なので くり下げられない。
(3) 「百の位」から 1 くり下げ，「百の位」の 4と 1つの ⑩に 線を 引き，「百の位」の 上の 〈 〉に 3，「十の位」の 上の （ ）に 10を かく。
[ここから，もういちど，「一の位」から 計算する]
(4) 「一の位」は （2－3）だが，できないので，「十の位」から 1 くり下げ，「十の位」の （10）に 線を 引き，その 上の （ ）に 9を かき，「一の位」の 上の 《 》に 10を かく。
(5) 「一の位」を 計算する。（10+2－3）か （10－3+2）の ときやすい ほうを する。
(6) 答えの 9を 「一の位」の 下の [ ]に かく。
(7) 「十の位」を 計算（9－7=2）する。
(8) 答えの 2を 「十の位」の 下の 【 】に かく。
(9) 「百の位」を 計算（3－0=3）する。
(10) 答えの 3を 「百の位」の 下の ｜ ｜に かく。
(11) 答えは，329となる。

ひっ算を してから しきに 答えを かきましょう。

① 301－82=

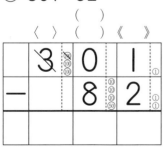

② 407－48=

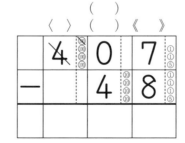

③ 604－35=

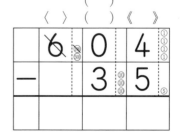

 **3けた−2けたのくり下がりが2回あるひっ算（ひかれる数の十の位が0）**
〔第2〜5段階〕

なまえ	

ひっ算を してから しきに 答えを かきましょう。

① 102−37＝　　　② 305−86＝　　　③ 206−68＝

```
  1 0 2        3 0 5        2 0 6
−   3 7      −   8 6      −   6 8
```

④ 701−25＝　　　⑤ 100−64＝　　　⑥ 403−19＝

```
  7 0 1        1 0 0
−   2 5      −   6 4
```

⑦ 607−48＝　　　⑧ 108−39＝　　　⑨ 804−77＝

ワーク　3けた＋3けたのくり上がりのないひっ算〔第1段階〕

なまえ

〔212+151の ひっ算の しかた〕

百の位	十の位	一の位
2	1	2
+1	5	1
{3}	【6】	[3]

[計算の じゅんばん]
(1) 位を そろえて かく。
(2) 「一の位」は 2+1=3。
(3) 答えの 3を「一の位」の 下の [ ]に かく。
(4) 「十の位」は 1+5=6。
(5) 答えの 6を「十の位」の 下の 【 】に かく。
(6) 「百の位」は 2+1=3。
(7) 答えの 3は,「百の位」の 下の { }に かく。
(8) 答えは，363となる。

ひっ算を してから しきに 答えを かきましょう。

① 331+212=

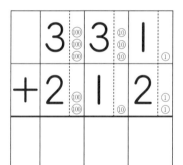

② 562+322=

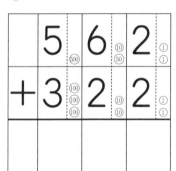

③ 256+643=

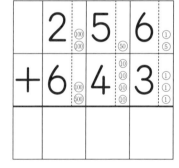

④ 200+400=

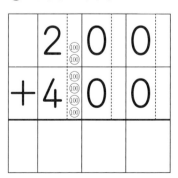

⑤ 180+310=

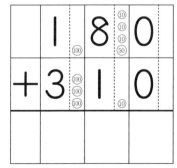

⑥ 707+101=

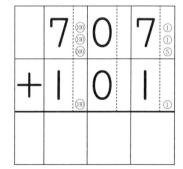

 **3けた＋3けたのくり上がりのないひっ算〔第2〜5段階〕**

なまえ	

ひっ算を してから しきに 答えを かきましょう。

① 365+623=

```
  3 6 5
+ 6 2 3
```

② 330+140=

```
  3 3 0
+ 1 4 0
```

③ 600+200=

```
  6 0 0
+ 2 0 0
```

④ 716+160=

```
  7 1 6
+ 1 6 0
```

⑤ 400+400=

```
  4 0 0
+ 4 0 0
```

⑥ 770+218=

```
+
```

⑦ 404+202=

```
+
```

⑧ 802+104=

⑨ 140+346=

ワーク　3けた＋3けたのくり上がりが1回あるひっ算〔第1段階〕

なまえ

〔524＋239の ひっ算の しかた〕

「百の位」「十の位」「一の位」
（１）

```
   5  2  4
+  2  3  9
  {7}【6】[3]
```

[計算の じゅんばん]
(1) 位を そろえて かく。
(2)「一の位」は 4＋9＝13。
(3) 答えの 13の 3は,「一の位」の 下の [ ] に かき, 答えの 13の 10は,「十の位」に くり上げ,「十の位」の 上の （ ）に 1と かく。
(4)「十の位」は （1）＋2＋3＝6。
(5)「百の位」は 5＋2＝7。
(6) 答えの 7を「百の位」の 下の ｛ ｝に かく。
(7) 答えは, 763 となる。

ひっ算を してから しきに 答えを かきましょう。

① 146＋315＝
　　（　　）

② 582＋127＝
　　（　　）

③ 125＋646＝
　　（　　）

④ 237＋425＝
　　（　　）

⑤ 528＋213＝
　　（　　）

⑥ 787＋141＝
　　（　　）

 **3けた＋3けたのくり上がりが1回あるひっ算〔第2〜5段階〕**

なまえ	

ひっ算を してから しきに 答えを かきましょう。

① 324+458＝

```
   3 2 4
 + 4 5 8
 ───────
```

② 161+782＝

```
   1 6 1
 + 7 8 2
 ───────
```

③ 645+215＝

```
   6 4 5
 + 2 1 5
 ───────
```

④ 770+140＝

```
   7 7 0
 + 1 4 0
 ───────
```

⑤ 186+306＝

```
   1 8 6
 + 3 0 6
 ───────
```

⑥ 492+174＝

⑦ 509+439＝

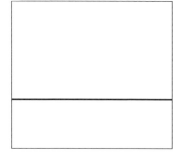

⑧ 277+172＝

⑨ 319+421＝

ワーク　3けた＋3けたのくり上がりが2回あるひっ算〔第1段階〕

なまえ

〔278+164の　ひっ算の　しかた〕

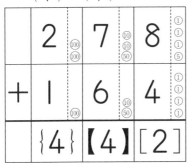

[計算の　じゅんばん]

(1) 位を　そろえて　かく。
(2) 「一の位」は　8+4＝12。
(3) 答えの　12の　2は，「一の位」の　下の　[　]に　かき，答えの　12の　10は，「十の位」に　くり上げ，「十の位」の　上の　(　)に　1と　かく。
(4) 「十の位」は　(1)+7+6＝14。
(5) 答えの　14の　4は，「十の位」の　下の　【　】に　かき，答えの　14の　10は，「百の位」に　くり上げ，「百の位」の　上の　〈　〉に　1と　かく。
(6) 「百の位」は　1+2+1＝4。
(7) 答えの　4を　「百の位」の　下の　{　}に　かく。
(8) 答えは，442となる。

ひっ算を　してから　しきに　答えを　かきましょう。

① 787+134＝
　〈　〉（　）

② 593+248＝
　〈　〉（　）

③ 175+625＝
　〈　〉（　）

 **3けた＋3けたのくり上がりが2回あるひっ算〔第2〜5段階〕**

なまえ

ひっ算を してから しきに 答えを かきましょう。

① 493+128=

② 465+286=

③ 378+247=

④ 361+139=

⑤ 536+298=

⑥ 287+213=

⑦ 497+489=

⑧ 456+155=

⑨ 299+201=

解 答

第2章　10のたばのくり上がり・くり下がりのない計算

【P.16】
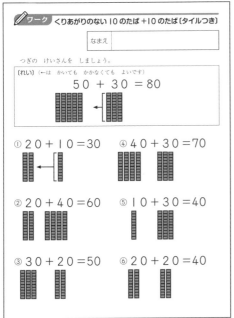

【P.17】
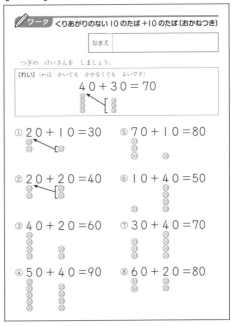

【P.18】
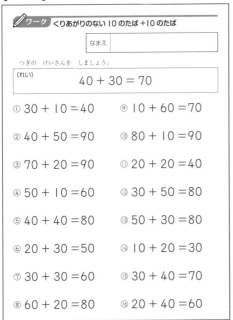

【P.21】
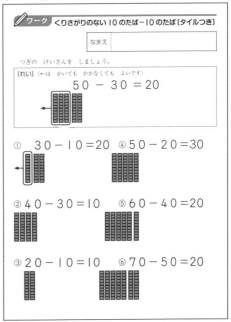

【P.22】
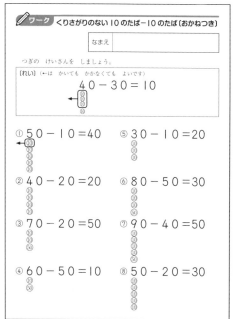

【P.23】
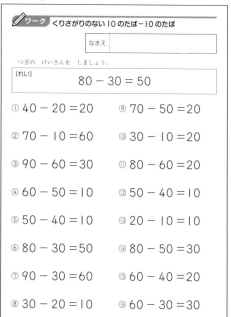

【P.26】
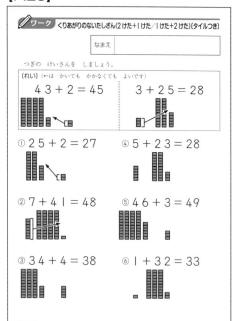

【P.27】
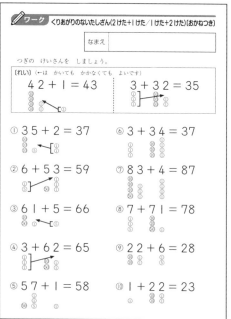

【P.28】

ワーク くりあがりのないたしざん(2けた+1けた/1けた+2けた)

なまえ

つぎの けいさんを しましょう。

[れい]　14 + 3 = 17

① 25 + 1 = 26　　⑩ 66 + 2 = 68
② 42 + 4 = 46　　⑪ 3 + 64 = 67
③ 57 + 2 = 59　　⑫ 8 + 91 = 99
④ 3 + 56 = 59　　⑬ 6 + 92 = 98
⑤ 82 + 5 = 87　　⑭ 34 + 5 = 39
⑥ 74 + 1 = 75　　⑮ 3 + 35 = 38
⑦ 47 + 2 = 49　　⑯ 7 + 42 = 49
⑧ 4 + 83 = 87　　⑰ 8 + 81 = 89
⑨ 73 + 4 = 77　　⑱ 53 + 4 = 57

【P.31】

ワーク くりさがりのないひきざん(2けた−1けた)(タイルつき)

なまえ

つぎの けいさんを しましょう。

[れい] (→は かいても かかなくても よいです)
45 − 3 = 42

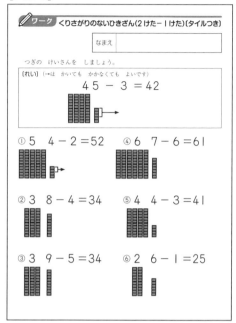

① 54 − 2 = 52　　④ 67 − 6 = 61
② 38 − 4 = 34　　⑤ 44 − 3 = 41
③ 39 − 5 = 34　　⑥ 26 − 1 = 25

【P.32】

ワーク くりさがりのないひきざん(2けた−1けた)(おかねつき)

なまえ

つぎの けいさんを しましょう。

[れい] (→は かいても かかなくても よいです)
64 − 3 = 61

① 57 − 1 = 56　　⑥ 26 − 6 = 20
② 48 − 3 = 45　　⑦ 99 − 4 = 95
③ 79 − 6 = 73　　⑧ 54 − 2 = 52
④ 83 − 2 = 81　　⑨ 22 − 1 = 21
⑤ 37 − 2 = 35　　⑩ 66 − 5 = 61

【P.33】

ワーク くりさがりのないひきざん(2けた−1けた)

なまえ

つぎの けいさんを しましょう。

[れい]　78 − 5 = 73

① 35 − 3 = 32　　⑩ 96 − 5 = 91
② 24 − 3 = 21　　⑪ 88 − 5 = 83
③ 77 − 6 = 71　　⑫ 79 − 6 = 73
④ 68 − 7 = 61　　⑬ 49 − 7 = 42
⑤ 55 − 2 = 53　　⑭ 23 − 3 = 20
⑥ 87 − 4 = 83　　⑮ 75 − 3 = 72
⑦ 91 − 1 = 90　　⑯ 58 − 2 = 56
⑧ 34 − 2 = 32　　⑰ 68 − 8 = 60
⑨ 46 − 2 = 44　　⑱ 65 − 4 = 61

【P.36】

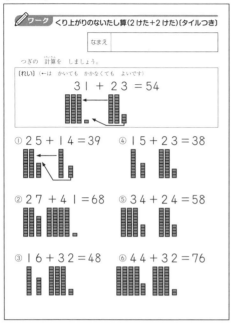

【P.37】

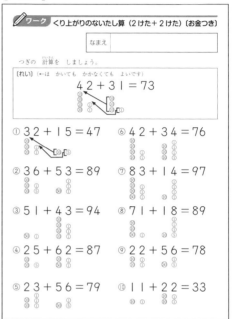

【P.38】

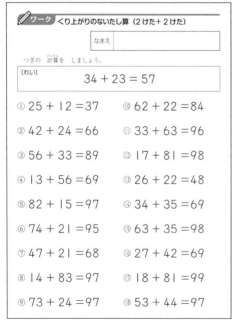

【P.41】

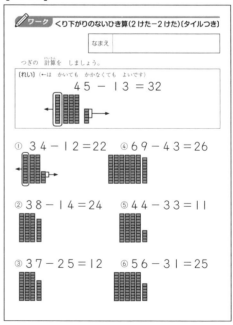

【P.42】

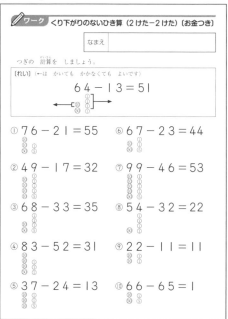

【P.43】

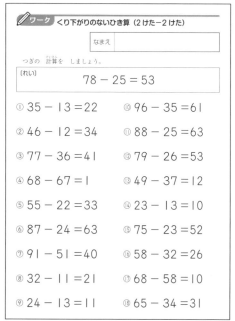

第3章 1000までの数にチャレンジ

【P.48】

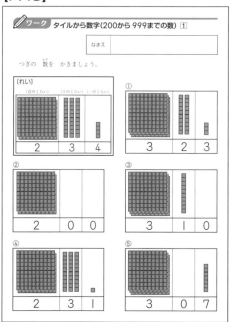

【P.49】

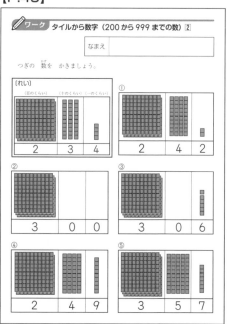

【P.50】
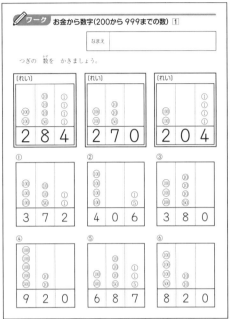

【P.51】
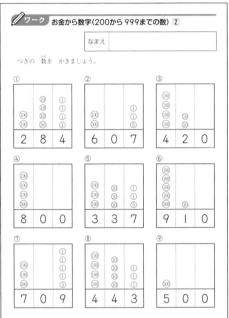

【P.52】
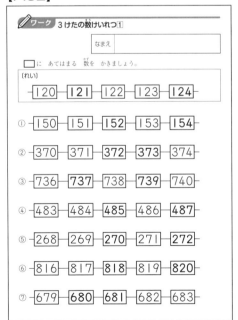

【P.53】
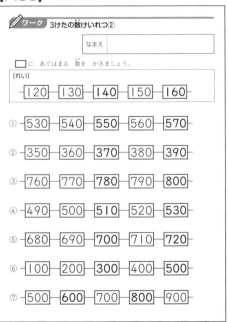

【P.54】

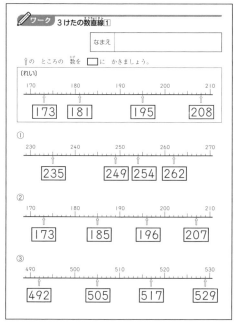

【P.55】

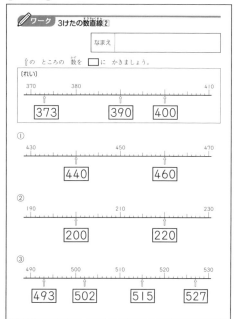

【P.57】

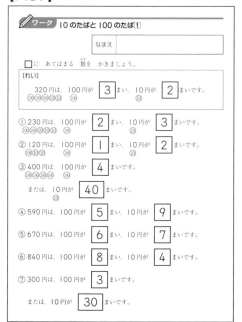

【P.58】

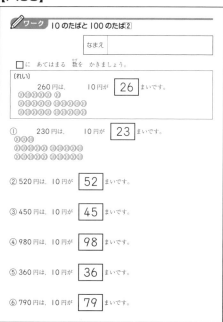

【P.59】

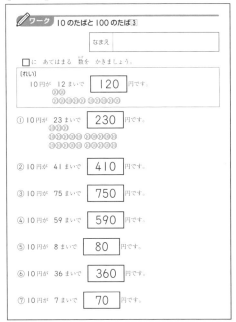

【P.61】

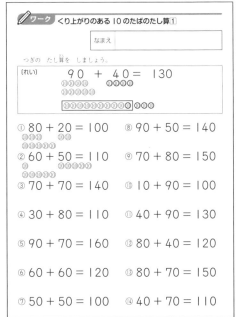

【P.62】

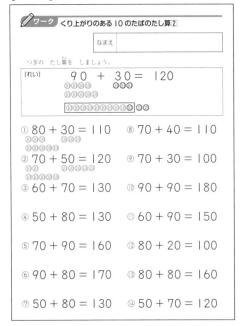

【P.63】

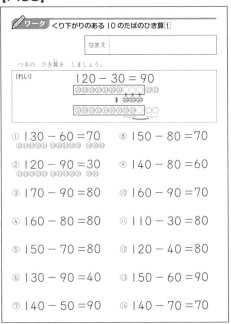

【P.64】

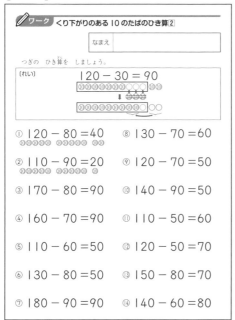

① 120 − 80 = 40
② 110 − 90 = 20
③ 170 − 80 = 90
④ 160 − 70 = 90
⑤ 110 − 60 = 50
⑥ 130 − 80 = 50
⑦ 180 − 90 = 90
⑧ 130 − 70 = 60
⑨ 120 − 70 = 50
⑩ 140 − 90 = 50
⑪ 110 − 50 = 60
⑫ 120 − 50 = 70
⑬ 150 − 80 = 70
⑭ 140 − 60 = 80

第4章　たし算とひき算の筆算

【P.67】

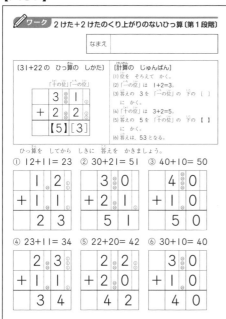

【P.68】

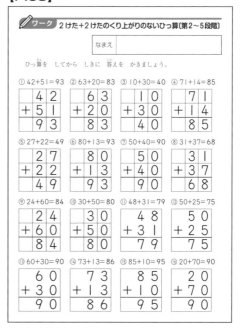

【P.69】
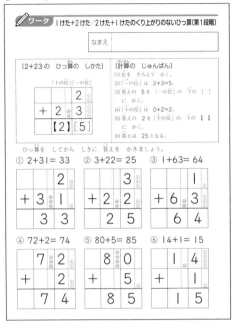

【P.70】
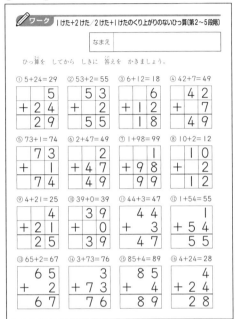

【P.71】
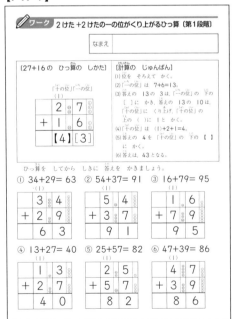

【P.72】
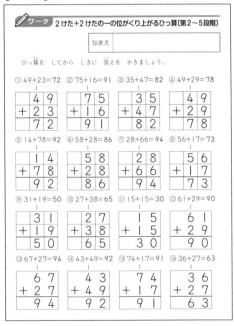

【P.73】
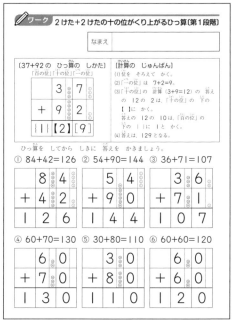

【P.74】
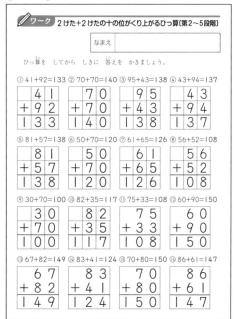

【P.75】
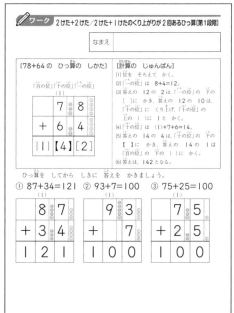

【P.76】
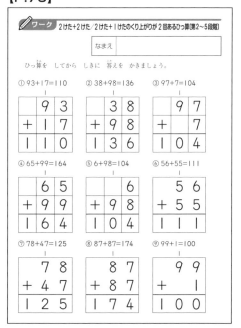

【P.77】

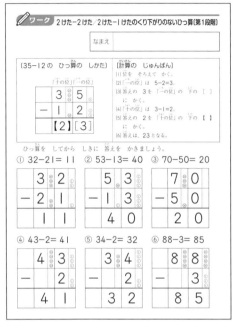

【P.78】

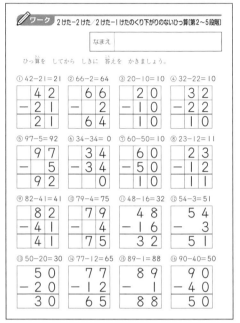

【P.79】

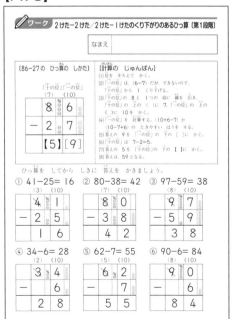

【P.80】

【P.81】

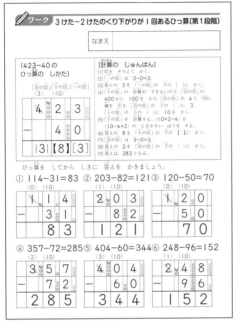

【P.82】

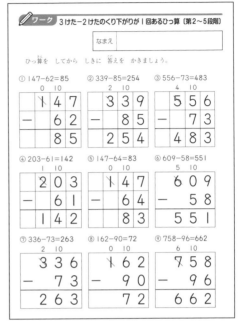

【P.83】

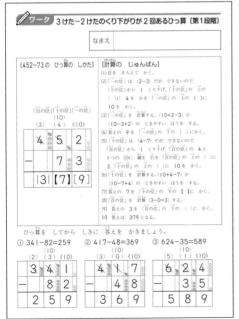

【P.84】

【P.85】

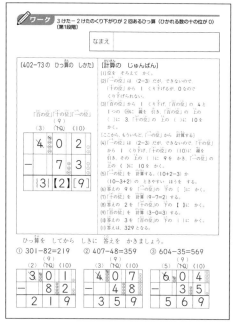

【P.86】

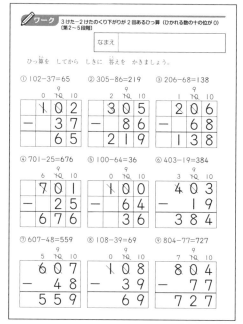

【P.87】

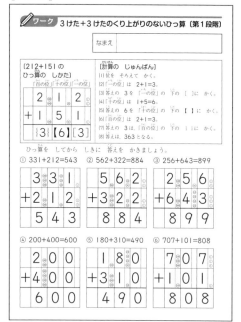

【P.88】

【P.89】

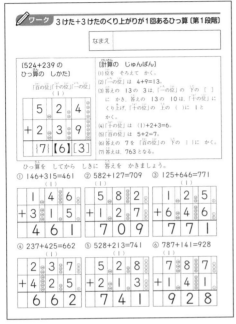

【P.90】

ひっ算を してから しきに 答えを かきましょう。

① 324+458=782 ② 161+782=943 ③ 645+215=860
④ 770+140=910 ⑤ 186+306=492 ⑥ 492+174=666
⑦ 509+439=948 ⑧ 277+172=449 ⑨ 319+421=740

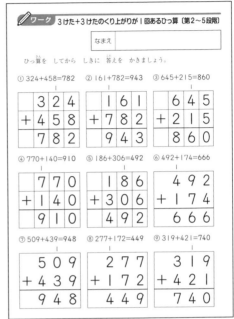

【P.91】

【P.92】

ひっ算を してから しきに 答えを かきましょう。

① 493+128=621 ② 465+286=751 ③ 378+247=625
④ 361+139=500 ⑤ 536+298=834 ⑥ 287+213=500
⑦ 497+489=986 ⑧ 456+155=611 ⑨ 299+201=500

付録　学習指導計画・チェックリスト

・すべて最初から実施しなければならないということではありません。すでに習得している項目は，カットしてもかまいません。

・習得状況などを〔チェック◎ ○ △〕の欄に，◎ ○ △や文言などで記載しましょう。

内　容	ページ	チェック◎ ○ △
くりあがりのない10のたば＋10のたば〔タイルつき〕	16	
くりあがりのない10のたば＋10のたば〔おかねつき〕	17	
くりあがりのない10のたば＋10のたば	18	
くりさがりのない10のたば－10のたば〔タイルつき〕	21	
くりさがりのない10のたば－10のたば〔おかねつき〕	22	
くりさがりのない10のたば－10のたば	23	
くりあがりのないたしざん（2けた＋1けた／1けた＋2けた）〔タイルつき〕	26	
くりあがりのないたしざん（2けた＋1けた／1けた＋2けた）〔おかねつき〕	27	
くりあがりのないたしざん（2けた＋1けた／1けた＋2けた）	28	
くりさがりのないひきざん（2けた－1けた）〔タイルつき〕	31	
くりさがりのないひきざん（2けた－1けた）〔おかねつき〕	32	
くりさがりのないひきざん（2けた－1けた）	33	
くり上がりのないたし算（2けた＋2けた）〔タイルつき〕	36	
くり上がりのないたし算（2けた＋2けた）〔お金つき〕	37	
くり上がりのないたし算（2けた＋2けた）	38	
くり下がりのないひき算（2けた－2けた）〔タイルつき〕	41	
くり下がりのないひき算（2けた－2けた）〔お金つき〕	42	
くり下がりのないひき算（2けた－2けた）	43	
タイルから数字(200から999までの数)①	48	
タイルから数字(200から999までの数)②	49	
お金から数字(200から999までの数)①	50	
お金から数字(200から999までの数)②	51	
3けたの数けいれつ①	52	
3けたの数けいれつ②	53	
3けたの数直線①	54	
3けたの数直線②	55	
10のたばと100のたば①	57	
10のたばと100のたば②	58	
10のたばと100のたば③	59	
くり上がりのある10のたばのたし算①	61	
くり上がりのある10のたばのたし算②	62	

内　　容	ページ	チェック◎ ○ △
くり下がりのある10のたばのひき算①	63	
くり下がりのある10のたばのひき算②	64	
2けた＋2けたのくり上がりのないひっ算〔第1段階〕	67	
2けた＋2けたのくり上がりのないひっ算〔第2〜5段階〕	68	
1けた＋2けた／2けた＋1けたのくり上がりのないひっ算〔第1段階〕	69	
1けた＋2けた／2けた＋1けたのくり上がりのないひっ算〔第2〜5段階〕	70	
2けた＋2けたの一の位がくり上がるひっ算〔第1段階〕	71	
2けた＋2けたの一の位がくり上がるひっ算〔第2〜5段階〕	72	
2けた＋2けたの十の位がくり上がるひっ算〔第1段階〕	73	
2けた＋2けたの十の位がくり上がるひっ算〔第2〜5段階〕	74	
2けた＋2けた／2けた＋1けたのくり上がりが2回あるひっ算〔第1段階〕	75	
2けた＋2けた／2けた＋1けたのくり上がりが2回あるひっ算〔第2〜5段階〕	76	
2けた−2けた／2けた−1けたのくり下がりのないひっ算〔第1段階〕	77	
2けた−2けた／2けた−1けたのくり下がりのないひっ算〔第2〜5段階〕	78	
2けた−2けた／2けた−1けたのくり下がりのあるひっ算〔第1段階〕	79	
2けた−2けた／2けた−1けたのくり下がりのあるひっ算〔第2〜5段階〕	80	
3けた−2けたのくり下がりが1回あるひっ算〔第1段階〕	81	
3けた−2けたのくり下がりが1回あるひっ算〔第2〜5段階〕	82	
3けた−2けたのくり下がりが2回あるひっ算〔第1段階〕	83	
3けた−2けたのくり下がりが2回あるひっ算〔第2〜5段階〕	84	
3けた−2けたのくり下がりが2回あるひっ算（ひかれる数の十の位が0）〔第1段階〕	85	
3けた−2けたのくり下がりが2回あるひっ算（ひかれる数の十の位が0）〔第2〜5段階〕	86	
3けた＋3けたのくり上がりのないひっ算〔第1段階〕	87	
3けた＋3けたのくり上がりのないひっ算〔第2〜5段階〕	88	
3けた＋3けたのくり上がりが1回あるひっ算〔第1段階〕	89	
3けた＋3けたのくり上がりが1回あるひっ算〔第2〜5段階〕	90	
3けた＋3けたのくり上がりが2回あるひっ算〔第1段階〕	91	
3けた＋3けたのくり上がりが2回あるひっ算〔第2〜5段階〕	92	

あ と が き

　「計算力を高める発展トレーニング編」では，「数を使いこなす上達トレーニング編」で習得した学力をもとに学習する内容になっています。

　本シリーズでは，子どもに「どのような力」を「どのような手立て」で身につけさせるかを明確に掲載していますので，教師自身，確固たる目的意識をもって指導することができると思います。特に，これからの時代は，説明責任が求められてきます。ただ単に，「個々の実態に応じた指導を行っています」と説明しても，「どのような指導を行っているか，具体的に資料やカリキュラムを見せてください」と言われたとき，その場しのぎの指導をしていては説明責任を果たすことができません。保護者も，担任から明確な指導方針を聞くことができれば，安心して我が子を担任に任せることができるので，保護者との連携や協力も得やすくなると思います。

　「数を使いこなす上達トレーニング編」「計算力を高める発展トレーニング編」では，教科書の指導法を基軸にしながら，多様な指導法や詳細なスモールステップを設定した指導内容になっています。個々の実態に応じた指導法を選択する際，まずは教科書に掲載されている指導法を用いて指導を行い，その指導法ではどうしても習得が困難な場合は，教科書をアレンジした指導法や他の指導法を用いることが大切だと思います。その際，教師や指導者が，その児童にはどの指導法が合っているかを見切る力をつけることが必要です。どの指導法が合っているのか不安なときは，掲載している順に取り組んでください。まず教科書に沿った指導法，次に教科書をアレンジした指導法，そして多様な指導法の順で掲載しています。その子に合った指導法を選択し，時間をかけ，くり返しくり返しあきらめず，少しでも進歩があれば称賛し，そしてそれを保護者にも伝えることが大切だと思います。

　本書を執筆するにあたり，巻頭に推薦文を執筆してくださった菊池省三先生をはじめ，ご指導くださった園屋高志先生（鹿児島大学名誉教授），実践の検証をしてくださった鹿児島県マルチメディア教育研究会のメンバーの方々のお力添えをいただきました。

　少しでも，本書が子どもたちや先生方，保護者のお役に立てば幸いです。

　本書に関するお問い合わせやご意見，ご要望は，大江（ooe@po.synapse.ne.jp）までメールをいただければありがたいです。

大江　浩光

【参考図書】
・『みんなとまなぶ　しょうがっこう　さんすう1ねん』『みんなと学ぶ　小学校　算数2年上』（学校図書）
・『本能式計算法』（大江浩光著，押谷由夫解説，学芸みらい社）
・『おもしろ教材・教具集＆知っ得情報』（大江浩光著，押谷由夫解説，学事出版）

【著者紹介】

大江　浩光（おおえ　ひろみつ）
1963年10月1日　和歌山県東牟婁郡串本町古座で生まれる
1987年4月　鹿児島県の小学校教諭になる

〈特別支援教育関係の単著〉
『おもしろ教材・教具集＆知っ得情報』（押谷由夫解説，学事出版）『ひらがな完全習得ワーク』（野口芳宏解説，学事出版）『本能式計算法』（押谷由夫解説，学芸みらい社）『7歳までの教育』（押谷由夫解説，明治図書）

〈道徳関係の単著〉（いずれも明治図書）
『子どもが夢中になる落語流道徳自作資料10選』（深澤久解説）『今を生きる人々に学ぶ』（深澤久解説）『「いじめ」の授業』（押谷由夫解説）『絵本を使った道徳授業』（押谷由夫解説）『「学級崩壊」の授業』（押谷由夫解説）『続・落語流道徳授業』（押谷由夫解説）『7歳までの教育』（押谷由夫解説）『規範意識を高める道徳授業』（押谷由夫解説）『「夢」の授業』（押谷由夫解説）

〈開発した教育アプリ〉
・「たす・ひく」アプリ　・「かける・わる」アプリ

〈教育委員会主催の講演歴〉
和歌山県和歌山市教育委員会主催研修会／長崎県佐世保市教育センター主催研修講座／和歌山県和歌山市教育委員会主催初任者研修会／富山県魚津地区教育センター協議会主催研修会／滋賀県総合教育センター主催教職10年目研修会／兵庫県芦屋市教育委員会主催研修会／兵庫県三田市教育委員会主催研修会／兵庫県西宮市教育委員会主催研修会／大阪府富田林市教育委員会主催研修会／大阪府河内長野市教育委員会主催研修会　他多数

※学校主催や民間団体，保護者主催の講座など，合わせて約100回以上の講演・講座。

※特別支援教育や道徳の講演会や講座をご希望の方は，お気軽に連絡をいただければありがたいです。講師料はいりません。現場ですぐに役立ち，結果を残すことができる理論と実践を紹介させていただきます。連絡先は，ooe@po.synapse.ne.jp　です。

〔本文イラスト〕木村美穂

数が苦手な子のための計算支援ワーク3
計算力を高める発展トレーニング編

2018年7月初版第1刷刊　Ⓒ著　者　大　江　浩　光
　　　　　　　　　　　　発行者　藤　原　光　政
　　　　　　　　　　　　発行所　明治図書出版株式会社
　　　　　　　　　　　　http://www.meijitosho.co.jp
　　　　　　　　　　（企画）林　知里（校正）㈱東図企画
　　　　　　　　　　〒114-0023　東京都北区滝野川7-46-1
　　　　　　　　　　振替00160-5-151318　電話03(5907)6703
　　　　　　　　　　　　　　ご注文窓口　電話03(5907)6668
＊検印省略　　　　　組版所　株式会社明昌堂

本書の無断コピーは，著作権・出版権にふれます。ご注意ください。
教材部分は，学校の授業過程での使用に限り，複製することができます。

Printed in Japan　　　　　　　　　　ISBN978-4-18-282415-9
もれなくクーポンがもらえる！読者アンケートはこちらから
→

コピーして使える！どの子も必ずできるようになるワーク

数が苦手な子のための 計算支援ワーク

大江 浩光 著　各B5判・112頁

「プロフェッショナル 仕事の流儀」出演 「ほめ言葉のシャワー」でお馴染みの **菊池省三先生推薦！**

数に苦手さを抱える子どもが、生きて働く力を身に付けるためのワーク集。段階を踏みつつ実生活で使える計算能力を確実に鍛えていきます。

基礎トレーニング編　数に慣れる 【2822】 2,200円+税

「数に慣れる基礎トレーニング編」では、
数の概念を捉えることから、数字の読み書き、
くり上がり・くり下がりのないたし算・ひき算まで、
計算技能の基礎基本をしっかりおさえることができます。

上達トレーニング編　数を使いこなす 【2823】 2,200円+税

「数を使いこなす上達トレーニング編」では、くり上がり・くり下がりのあるたし算・ひき算から、99までの数の捉えまで、日常生活で用いる数を使いこなすための準備と演習ができます。

発展トレーニング編　計算力を高める 【2824】 2,200円+税

「計算力を高める発展トレーニング編」では、10のたばの
たし算・引き算から、3桁のたし算・ひき算のひっ算まで、
応用につながる確かな力を鍛えていきます。

応用トレーニング編　買い物計算ができる 【2825】 2,300円+税

「買い物計算ができる応用トレーニング編」では、暗算でできる
値段合計算・おつり算や、疑似買い物体験を通して、
実際の買い物場面に役立つ計算力を身に付けることができます。

明治図書　📱携帯からは**明治図書MOBILE**へ　書籍の検索，注文ができます。▶▶▶

http://www.meijitosho.co.jp　＊併記4桁の図書番号（英数字）でHP，携帯での検索・注文が簡単に行えます。

〒114-0023　東京都北区滝野川7-46-1　ご注文窓口　TEL 03-5907-6668　FAX 050-3156-2790